"国家级培训计划"(2015)——四川省幼儿教师培训团队置换脱产研修项目
南充市"十二五"社科规划课题（NC2015B049）——南充市幼儿教师在职培训研究

幼儿教师在职培训中的思与行

主　编　卢　清

西南交通大学出版社
·成都·

图书在版编目（CIP）数据

幼儿教师在职培训中的思与行 / 卢清主编. —成都：
西南交通大学出版社，2018.6
ISBN 978-7-5643-6222-5

Ⅰ.①幼… Ⅱ.①卢… Ⅲ.①学前教育–教学研究
Ⅳ.①G612

中国版本图书馆 CIP 数据核字（2018）第 119892 号

幼儿教师在职培训中的思与行

主编　卢　清

责任编辑	梁　红
助理编辑	赵永铭
封面设计	墨创文化

出版发行	西南交通大学出版社 （四川省成都市二环路北一段 111 号 西南交通大学创新大厦 21 楼）
发行部电话	028-87600564　028-87600533
邮政编码	610031
网　　址	http://www.xnjdcbs.com
印　　刷	四川森林印务有限责任公司
成品尺寸	170 mm×230 mm
印　　张	15.25
字　　数	239 千
版　　次	2018 年 6 月第 1 版
印　　次	2018 年 6 月第 1 次
书　　号	ISBN 978-7-5643-6222-5
定　　价	78.00 元

图书如有印装质量问题　本社负责退换
版权所有　盗版必究　举报电话：028-87600562

幼儿园骨干教师成长的思与行
——写在前面的话

《国家中长期教育改革和发展规划纲要（2010—2020）》将学前教育事业发展专章单列论述，足见党和政府对学前教育事业的高度重视，这在新中国历史上也是承前启后的大事。由于受地域和经济文化等因素的影响，我国中西部农村学前教育的数量与质量问题都很突出，幼儿教师队伍急需提高质量，促使学前教育事业健康发展。鉴于此，教育部、财政部从2011年起，在中西部地区实施"幼儿教师国家级培训计划"。

受教育部、省教育厅委托，西华师范大学教师教育学院认真贯彻执行《教育部办公厅、财政部办公厅关于做好2015年中小学幼儿园教师国家级培训计划实施工作的通知》（教师厅〔2015〕2号）、《四川省教育厅关于做好2015年"国培计划"—中西部项目和幼师国培项目实施工作的通知》（川教函〔2015〕527号）、《关于做好四川省"国培计划"（2015）拟中标院校、远程机构与项目县对接工作若干事宜的通知》（人教函〔2015〕16号）文件精神，一直认为应该创新培训模式，重视培训专家团队与受训团队之间的专业经验、专业体验、专业感悟，为受训团队搭建一个专业发展的共享平台，助推受训农村幼儿园骨干教师教、研、培一体化成长，围绕乡村幼儿教师一日常规中的实际问题，以发现问题、分析问题、解决问题为路径，通过两年的全面推进混合式培训，全面提高项目县幼儿骨干教师和教研员的保教能力、培训指导能力，打造一支"用得上、干得好"的高素质乡村教师培训团队。我们以2015年幼儿教师培训团队置换脱产研修项目为载体，开发出适合项目县幼儿教师实际需要的学习资源，构建起高校、网络公司、地方研培主管部门、项目县示范幼儿园协同的四位一体的立体培训模式。初步建立乡村幼儿教师专业发展支持服务体系，让乡村幼儿骨干教师从"优秀"走向"卓越"，促进西部农村学前教育事业高质量发展。

本次幼儿教师培训团队置换脱产研修项目采用"集中研修"（40天）+"影子教师"实践（40天）+"返岗实践"（20天）+"总结提升"（20天）模式，2015、2016两个年度完成，分别采用院校集中研修与"影子教师"优质园跟岗实践研修、远程跟踪指导相结合的方式。我校与三台、梓潼、盐亭、平武、岳池、邻水、武胜、康定等8个项目县54人、百年树人网协同实施教师培训团队置换脱产研修与送教下乡培训任务。

幼儿教师置换脱产研修项目院校集中研修阶段，在专家和学科导师团队的指导下，参训学员在研究性学习小组的合作下，完成了师德修养、依法执教、儿童发展知识、学科领域知识、教育教研知识与能力、培训知识与能力等系列主题研修学习。本次培训院校集中研修阶段邀请省内外高校和一线专家39位，培训方式注重专家引领和自主研修相结合；注重多样化专题研究与教师需求相结合；注重理论探讨与互动交流相结合；注重观摩学习与实际操作、课题研究相结合；注重培训与考核相结合；注重教学实践与教学反思相结合。突出学员问题，突出案例教学，突出参与互动，突出个性发展。

专题学习与交流研讨。对于理论性较强的内容，通过专家的理性阐述和交流研讨有机结合，在学科专家的指导下进行讨论，在讨论中加深对相关理论内涵和精髓的认识。展示理论对实践的指导过程，实现提高参训学员运用理论解决实际问题的能力。

观摩考察与反思体验。通过真实的课堂分析，引导参训学员研究、学习、反思、感悟、借鉴，实现提高参训学员对案例内涵的把握能力。

问题探究与主题发言。通过搜集学员们在教学中的共性问题，提交参训学员讨论，展开基于解决问题的研讨活动，以小组合作的形式完成书面作业，并以小组为单位进行集中交流，以期达到提升参训学员分析问题、解决问题能力的目的。

在学员自我需求的催生下，形成了学员自己的"公开课活动"，"请教师说自己的话"，"把听懂的做出来"，"把做好的说出来"，听、说、做、练结合，引导互动参与，促进对话与分享。一方面提升参训学员已有的保教经验，一方面也借此引领"影子教师"阶段的培训。

"影子教师"和返岗实践研修阶段，学员将返回项目县实践，采取"双导师制"，即每个参训学员由培训机构安排一名"指导导师"，由"影子教师"研修幼儿园安排一名"实践导师"。第一阶段是学员"带课"研修，到实践园进行"名师示范，学员观摩"；第二阶段是学员"带研"研修，到实践园"如影随形，跟岗感悟"；第三阶段是学员"带资"研修，参训学员与"教学导师"及其同伴共享培训成果和研修资源，到实践园"行为跟进，实践反思"，共享培训成果和研修资源；第四阶段是学员在实践园"深化总结，专业突破"。

  此次培训在内容上做到了因材施教，基础知识与技能训练双向结合，专题研修和跟岗实践相结合，突出了培训内容的针对性、实效性。结合乡村幼儿园的实际情况，我们为参训学员提供了一套可谓是"量体裁衣"式的、全面的课程体系，概括为三大方面：专业理念培训、教育教研知识与能力培训、培训知识与能力。在专业理念培训方面，我们为学员聘请了西华师范大学国培首席专家卢清教授，为学员们进行了"农村幼儿园教师领域教育核心知识解读-集体教学知识提升"的专题讲座，指出在幼儿园公开教学活动中要重视常态化教学的实践，整合多领域资源，切忌强调课程的形式化和技巧化；在教育教研知识与能力培训方面，我们聘请了广州增城碧桂园幼儿园的园长于翎老师，她从文化礼仪的视角展示了幼儿园教师的礼仪素养和与幼儿家长的沟通技巧。成都市崇州圣宝乐幼儿园的邓文彬园长则介绍了丹麦教育在成都郊县的实践经验，并提出条件落后不等于思想落后。重庆市新加坡才儿坊幼儿园的余静园长则结合《3—6岁儿童学习与发展指南》带领学员共同阅读、解读幼儿园领域教育核心知识。此外，我们聘请了省内外的优秀的教研员和幼儿园老师为培训学员呈现了精彩的公开课。来自重庆市大渡口幼儿园的范晓丽园长的数学活动，围绕数学核心经验，培养儿童的好奇心和探索欲望；重庆市巴蜀幼儿园的李琦老师，奉献了《小雨沙沙》音乐活动，使培训学员和孩子们共享了音乐的魅力；我们还组织参训学员亲临教学现场，通过现场观摩幼儿园，聆听一线教师的优质示范课，学习优秀幼儿园的办园理念和环境创设。此次现场观摩了南充市顺庆区实验幼儿园、南充市莲池路幼儿园、西华师范大学附属幼儿园等南充市最优质的幼儿园，观摩学习幼儿园的办园理念、环境创设、家园合作及发展成果，通过亲临幼儿园观摩学习，结合自身实践，借鉴和反思促进自我成长。

  纸上得来终觉浅，绝知此事要躬行。专题讲座、现场观摩大多数都使学员处在静态接受状态，这是对所学内容的吸收和沉淀，是学习必需的过程，也是培训的重要组成部分。但仅仅如此还远远不够，还需要通过一系列的实践活动来不断深化，才能促成学员不断地发展。为此，本次培训特别开设了分组研讨活动，分别就培训学员返岗项目县后所进行的送教下乡培训方案、园本研修方案、结合当地实际制定阶段性的教师培训方案等进行分析和讨论，并就实际教育教学或管理中所遇问题，互相学习，交流感悟，并对下一阶段的送教提出设想和确定。

送教下乡和返跟岗实践阶段，培训学员们都用 DV 录制下来，制成光碟，既是学员在院校集中研修阶段观课、评课的实践资源，又是我们今后培训工作宝贵的过程性资源。我们欣喜地感受到：这样的实践活动实际上是一种知识的反刍，对自我的检验，同时又是对学员潜能的刺激，深受培训学员欢迎。它的积极作用是不言而喻的。

在培训期间，我们注重收集和提炼学员自己的研修成果，依托学员提交的课题研究论文、保教案例、幼儿园活动方案、游戏方案共 60 篇，形成了研思编和笃行编两大部分丰硕的生成性成果，在此我们将这些成果编撰为专著出版，发挥培训资源的再利用和辐射作用。

卢 清
2018 年 1 月于西华师范大学

目 录

研 思 编

"静 环 自 导"策略，让幼儿乐在其中 ················ 2
浅谈学前教育"小学化" ························· 7
浅谈故事教学的作用 ··························· 13
浅谈幼儿体育游戏的有效开展 ····················· 17
浅析幼儿入园前的准备工作 ······················ 22
乡土资源在农村幼儿园的运用探究 ··················· 27
幼儿数学学什么、如何学 ························ 32
如何组织小班幼儿的晨间谈话 ····················· 42
如何实现真正的家园共育 ······················· 45
美术教学中小班幼儿绘画兴趣的培养 ················· 52
幼儿园常规大型活动方案设计策略 ··················· 57
依托课程设计利用本土资源促进幼儿动手能力发展 ············ 62
幼儿园教师如何让自制体育器械"活"起来 ················ 69
对区域游戏有效开展的思考 ······················ 75
好老师与"小老师" ··························· 80
浅谈幼儿良好情绪的培养 ························ 85
美术活动对留守儿童想象力的培养 ··················· 88
幼儿创造力培养的思考 ························· 92
基于儿童视角的幼儿活动组织初探 ··················· 99
浅析家庭环境对幼儿语言发展的影响 ················· 105
《指南》背景下幼儿园班级管理探究 ·················· 110

论培养幼儿良好的行为习惯 ·················115
利用本土文化创设班级特色区角活动 ···········121
基于绘本的幼儿阅读能力培养探索 ·············126
幼儿园投掷游戏的创新与实施 ·················131
基于儿童视角的幼小衔接问题及对策探析 ·······136
幼儿户外活动现状研究 ·······················146
浅谈2~3岁婴幼儿良好饮食习惯的培养 ········152

笃 行 编

调皮男孩们的徘徊 ···························158
一个孩子的进步 ·····························160
特别的爱给特别的你 ·························164
爸爸哪儿去了？ ·····························167
以孩子的眼光发现美 ·························170
小蝌蚪变青蛙（中班综合活动） ···············172
草绳大闯关（大班体育活动） ·················174
安全标志我知道 ·····························176
小乌鸦爱妈妈（大班语言活动） ···············178
"洞洞"创意画（大班美术活动） ··············181
我爱我的幼儿园（大班语言活动） ·············183
岳池七日游（中班健康活动） ·················187
赞岳池，夸美食（大班社会活动） ·············190
干净食物人人爱（小班健康教育活动） ·········193
扭扭虫的舞蹈（小班音乐活动） ···············195
鹅妈妈买鞋（大班绘本活动） ·················197
钱的旅行（大班整合活动） ···················200
小葱的秘密（小班活动课） ···················202
疯狂的石头（大班美术活动） ·················205

有趣的面条（大班综合活动）……208

清明节的习俗（中班社会活动）……210

动物的尾巴（中班语言活动）……212

车子开来了（小班社会活动）……214

我的梦（大班美术活动）……216

皮筋滚灯（大班川剧艺术活动）……218

我的兵器我的棍（中班艺术活动）……220

小兔运玩具（适宜3—5岁）……223

智勇大闯关……225

弹弹乐（适宜4—6岁）……228

沙包娃娃碰碰碰（适宜4—6岁）……230

结　语……232

研思编

"静 环 自 导"策略，让幼儿乐在其中

张　璐　武胜县沿口镇第一幼儿园

【摘　要】幼儿园的幼儿自主性游戏主要以区域活动为主，而美工区域活动作为幼儿区域活动的其中之一，是锻炼幼儿动手能力的重要途径，是让幼儿发挥想象力进行充分体验和探索的重要手段。因此在美工区域活动中要充分发挥幼儿的自主性与主体性，这就要求美工区活动在开展过程中需要发掘新思路，探索新方法。以"静、环、自、导"的策略来开展美工区域活动，目的就是让幼儿在快乐玩耍的过程中健康成长。

【关键词】美工区域活动　"静环自导"策略

美工区活动是幼儿区域活动之一，对幼儿的成长有着至关重要的作用。美工区活动不仅给孩子提供了一个材料丰富多样的、自由发挥创造力的环境，而且教师可以在美工区域活动的指导过程中了解孩子，细心察觉孩子之间的差异，从而更好地实施个别化指导。但是，在实际教学过程中，美工区域活动由于自由性、自主性和指导的间接性等特点，教师在指导时常感到难以准确把握角色，常常会出现消极指导或高度控制等问题，减弱了美工区域活动的教育价值。因此针对这些方面的问题，为了突破美工区传统教学思想的束缚，在此我提出了全新的美工区活动开展的指导策略，概括为四个字：静、环、自、导。通过"静、环、自、导"的活动开展策略，使幼儿在美工区活动中快乐地玩耍，健康地成长。

一、美工区活动开展之"静"

幼儿由于年龄较小，在进行美工区域活动时，随意性较强，容易出现喧哗、打闹等现象，使得区域活动很难顺利地进行。在此提出观点之一"静"。所谓"静"，指的是幼儿园美工区活动开展的制度，其意为幼儿在进行美工区域活动时，要保持安静，在使用美工区域材料时要轻拿

轻放。进行美工区活动时，让孩子们保持安静，是为了集中他们做事情的注意力，这不仅有利于美工区活动顺利地进行和其他区域活动的有效实施，而且有利于幼儿的健康成长及以后的发展。引导幼儿对材料轻拿轻放，不仅是为了让幼儿爱护美工区材料，也能够使幼儿养成爱护公共物品的良好习惯。以往在美工区活动中，幼儿吵闹、随意玩耍的现象随处可见，幼儿这样无所约束地自由玩耍，很容易养成做事情无规矩、散漫的不良习惯，因此我提出美工区活动开展之"静"，不仅能够使幼儿的美工区活动顺利进行，而且能使幼儿更好地成长。

为了证明美工区域活动之"静"的有效性，我进行了实践研究，在此以幼儿在活动中的表现为例。例如：豪豪是一个调皮好动的孩子，每次组织美工区活动时，在我布置完任务后，其他的幼儿都在认真完成，而豪豪会随意走动，不仅自己不认真进行活动，还去给其他孩子捣乱，经常导致美工区活动不能顺利进行，并且对美工区的材料也不爱护，随拿随丢，材料经常有损坏的现象。在提出了美工区活动之"静"后，每次对于表现较好，进行美工区活动时保持安静，细心爱护公共物品的小朋友我都会奖励一朵小红花，获得五朵小红花的孩子可以换取一个小玩具。规则推出以后，豪豪的表现明显变好，积极地参加到活动中，很少有捣乱现象，并且对美工区域材料爱护有加，损坏的事件也大大减少了，从此他做事情的专注度也提高了很多。

通过实践案例可以看出，幼儿在之前的美工区活动中，效果并不是特别好，然而推出了美工区活动之"静"后，美工区活动的质量大大提高了，并且从中可以看出，个别幼儿由原来的做事散漫、随意变得专注起来，他们能够很快地完成作品，使得他们的潜在能力得到更好的发展，同时也增强了他们的自信心。通过该规则的实施，我相信一定可以使美工区活动更加顺利、有效地开展，发挥它的最大作用，使所有幼儿都能够健康、快乐地成长。

二、美工区活动开展之"环"

我们都知道，一个人想要养成好的习惯可能需要很长时间，而养成不良习惯可能就一瞬间，所以幼儿的良好习惯要从小培养。在此提出观点之二"环"。此观点有助于美工区域活动更好地开展，而且有助于幼儿从小养成环保的好习惯。在此,"环"的含义就是指美工区活动在进行材料投入时,要从简单的入手,尽量用一些环保材料。现在经常可以看到一些幼儿园购买一些高级材料,但只有当上级领导例行检查时,幼儿才能够接触到这样的材料,这种形式主义的做法并不是我们所推崇的。在进行美工区活动时,我倡导推出简单材料、环保材料,幼儿能够应用这些材料进行改造,重新利用,可以对这些材料进行再加工,在此可以锻炼幼儿的思维创新能力和动手能力,既能够达到节约的目的,又能够环保,最重要的是能够使幼儿更好地成长。在进行幼儿美工区材料投入的时候,可以投入废旧报纸、果冻盒、糖果包装纸、饼干盒等材料。

在美工区活动中,为了倡导以简单环保为主的材料投入,我让每个幼儿从家里带来了废旧报纸、包装盒、线等材料。在这些材料的支持下,我组织幼儿开展了美工区域活动,首先跟孩子们说:孩子们,今天我们活动的材料与以往的不同,这些材料都是你们经常接触到的简单材料,现在,我们一起看看这些材料能不能给大家带来快乐呢?孩子们被我的一席话深深吸引,迫切地期待活动的开始,我让他们用果冻盒和细线进行制作,果冻盒和细线组合,想必大家都知道制作的是土电话。孩子们在活动的过程中,有的一次就成功了,能跟其他小朋友进行通话,有的线没有拉直,不能够通话,经过他们的总结和思考,最后都顺利地完成了作品。孩子们被自己所带来的简单材料深深吸引,每个孩子都能在开心的玩乐中学习。

通过制作"土电话"的过程可以看出,越是简单的材料越能够吸引幼儿的好奇心,这些材料都是幼儿平时接触得比较多的,他们通过自己的思考、总结,最后都能够顺利地进行活动,这给他们带来的成就感是不言而喻的。从中可以看出,即使是简单的材料,也能够使美工区活动顺利地开展,也能够给幼儿带来无穷的乐趣,也能够让幼儿快乐地成长。

三、美工区活动之"自"

在现在的幼儿园中,自主性游戏是幼儿区域活动发展的大趋势。我认为,也可以将自主性游戏中的"自"应用在美工区活动中。所谓的"自",体现出了以幼儿为中心、以幼儿为主体。在幼儿进行美工区活动时,应该让幼儿自由地发挥想象进行创作,而不是教师一味地指导。幼儿应该自由地享受成功带来的快乐，接受失败带来的苦恼，只有这样，他们才能够在区域活动中健康地成长，这就是美工区活动之"自"的宗旨。

在美工活动"石头的艺术"中，让幼儿利用石头自由地进行创作，令他们充分发挥自己丰富的想象力、创造力。事实上，让孩子拿着石头进行想象，把手上的石头变成自己喜欢的水果是有一定难度的，其主要目的就是让他们体验自己动手的乐趣，相信成功后孩子们就会有一种成就感。活动开始后，孩子们首先选择适合自己的石头，其中有椭圆形的、长形的、不规则的等等。孩子们选择后进行了大胆的创作，活动结束后每个人都完成了自己喜欢的作品，兴奋之情溢于言表，他们也都更加自信了。让幼儿自由、自主地进行活动，让他们发挥各自的想象创作能力参与其中，提高了美工活动的质量。

在活动中，我让孩子自由地创作，发挥他们丰富的想象能力制作出自己所能想象到的事物，从中锻炼了他们的创造能力和独立思考的能力，同时也增强了她们的动手能力。可以说，美工区活动之"自"使幼儿有了更多的发挥潜能的空间，能够使幼儿更好地成长。

四、美工区活动之"导"

家长把孩子交给我们，一方面是想让孩子能够在幼儿园里快乐地成长，另一方面是想让孩子能够在幼儿园学习更多的知识，而孩子在幼儿园中与教师接触的时间最长，教师的作用对孩子成长的影响是不言而喻的。因此在幼儿的区域活动中，虽说幼儿是区域活动的主角，但教师的指导作用也是不可或缺的。教师在指导幼儿进行美工区域活动时，要充分考虑到幼儿个体的差异，不能用同一个方式对待所有的孩子。教师应细心观察每个孩子进行美工区活动时的状态，对于不同情况的孩子制定不同的指导方法。以给孩子带来快乐为核心目标，教师在合适的时机以恰当的方法对孩子们的美工区活动进行有效指导，这就是美工区活动之"导"。要使孩子乐在其中，在快乐中学习知识，在快乐中健康成长。

在安排美工区活动任务时，为了让每个幼儿能够积极参与其中，我考虑到了幼儿个体的差异，给他们安排不同的活动任务，并且有针对性地进行指导。在美工区泥塑造型活动时，动手和思维能力强的幼儿让其塑造复杂的模型，增加其创造趣味性，对于动手和思维能力偏平庸的幼儿安排其做一些简单的模型，教师从中进行引导，使他们也能够不断地学习。这样区域活动的过程中，所有的幼儿都玩得很开心、很快乐。美工区活动之静、环、自、导，是为了让幼儿更好地进行区域活动，在其中学习更多，成长更多。

综上所述，美工区在幼儿园的区域活动中是比较重要的，针对美工区活动的开展不能循规蹈矩，这样很有可能会令活动枯燥无味。在研究过程中，提出美工区活动开展"静、环、自、导"，通过这样的策略方式，一定会让幼儿快乐地玩耍，健康地成长。

参考文献：

[1] 张晓霞. 挖掘乡土资源，促进幼儿园美工区活动的实践与探究[J]. 新课程·上旬，2015（10）.

[2] 李琳. 幼儿园美工区活动研究[J]. 学理论，2011（11）：275-276.

[3] 周丽. 美工区域活动在幼儿园的开展与创作[J]. 教师，2015（12）：71-71.

[4] 吴琼. 主题背景下小班美工区活动材料投放的策略[J]. 早期教育：美术版，2015（3）：6-7.

[5] 胡文英. 小班美工区活动材料投放的策略[J]. 上海教育科研，2010（11）.

浅谈学前教育"小学化"

杨 蕾　四川省武胜县中心镇幼儿园

【摘　要】近几年，学前教育"小学化"的形式日趋严重。学前教育的内容和方式小学化，言行过于规矩，往往使孩子生理和心理产生一系列的不良后果。

【关键词】学前教育　"小学化"　弊端

学龄前的孩子生理和心理特点决定了他们的生活应以游戏为主。过早给孩子学习任务，将不可避免地给孩子带来生理和心理压抑。家规太多，家长要求过高，不切实际地与别的孩子相比，会使孩子产生反感心理，造成孩子情绪不安与不合群，孩子活泼好动的天性受到摧残。学前教育"小学化"是我国学前教育发展中存在的一个老问题。但近些年来由于学前教育市场化的推波助澜，学前教育"小学化"倾向蔓延城乡，日趋严重，正在成为一个严重危害儿童健康成长的重大社会问题。从目前的表现来看，学前教育"小学化"已经不单单是一种倾向，而是正在成为一种带有普遍性的教育现象，出现从教学定位、培养目标、教学内容到教学活动的全面"小学化"。

一、学前教育"小学化"的弊端

1. 损害孩子的兴趣

有研究表明：影响孩子学业成绩的第一因素不是知识的准备问题，而是孩子是不是拥有一种积极主动的学习态度，是否激发了孩子的学习兴趣，是否引发了孩子对知识的好奇心，是否帮助孩子养成了良好的学习习惯，是否培养了孩子知识的迁移能力，是否帮助孩子树立了克服困难的勇气，是否教孩子学会自己想办法解决问题，教孩子学会探索、学会合作等等。过度教育的内容大多超出了孩子的年龄和能力所能承受的范围，如再采取强制的方式来进行，必然会激发孩子的厌烦情绪和抵抗情绪，最终使孩子的学习兴趣受到损害。处在学龄前阶段的孩子，其大脑以及身体的各个器官和组织的发育还不完善，决定了他们还不能像小学生那样坐下来正规地学习。作为孩子的教育者——家长和老师，非要像对待小学生一样要求他们，这正如还没有长出牙齿的婴儿，非要他吃坚硬的食物一样，这种违背规律的做法对孩子的危害可想而知。

2. 损害孩子的自信

不管孩子年龄是否达到一律要求他们写字、算数，如果写不好，家长呵斥、打骂，老师批评，孩子在这种"小学化"的教育过程中，得不到快乐，得到的常常是消极的情绪体验，自然会认为学习就是一件痛苦的事情。孩子们在花费了时间和精力之后，如果依旧难以达到家长的要求，那便会体会到越来越多的挫败感，这样不利于孩子自信心的建立。而这些良好的非智力因素的养成，关键期在学前，这也是幼儿园教育的重点所在。良好的非智力因素的养成会使孩子终身受益。从孩子的终生可持续性发展的角度来讲，培养孩子学会认识、做事、做人、共同生活等良好的个性品质，帮助孩子养成良好的行为习惯，才能为孩子打下了良好的成长基础，这些远比教给孩子具体的知识更重要，这才是真正地使孩子赢在了起跑线上。

3. 扼杀孩子的潜能

学前教育"小学化"强调向幼儿"灌输"知识，忽视幼儿在游戏中主动的、探索性的学习，忽视了语言能力、数理逻辑能力、初步的音乐欣赏能力、身体各部的运动能力、人际交往能力、自我评价能力、空间想象能力、自然观察能力等多智能的全面开发。而正规的幼儿教育，教师每设计一个游戏活动往往使幼儿得到多种能力的训练，孩子在这种以游戏为主的教育活动中变得越来越健康、活泼、聪明，比那些会写多少字、会算多少数的孩子在正式上学以后更有潜力。

4. 不利于幼儿正常发育

从生理上讲学前阶段的幼儿正处于长身体的阶段，机体和神经系统都还比较弱，长时期地伏在桌子上学习，易导致孩子身体发育不良。由于一些家长只着眼于让孩子获得知识，而忽略了孩子用眼卫生，造成孩子患近视眼等多种疾病。从智力上讲，那些在轻松、自由、快乐环境下成长的孩子从小就接受语言的训练，对语言的理解能力强，能很快地将应用题中复杂的数据理顺关系并做出灵敏的反应。因此，从上学开始，学习很轻松没有太大压力，成绩也一直名列前茅。与其相反，学前教育"小学化"方式教育出来的孩子，因长时间的"灌输"学习，智力没有到全面开发反而受到抑制，头脑僵化，反应不灵活，对孩子以后的发展非常不利。

5. 影响全面平衡发展

孩子某一方面的发展可能是以牺牲其他多方面的发展为代价的，孩子的眼前发展可能是以损害长远发展为代价的。过度教育能使孩子学到一定的知识或掌握一定的技能，但他们学习的积极性却在逐步丧失，主动学习的能力也难以得到培养和锻炼。幼儿天性是爱游戏的，游戏是幼儿学习的最基本的形式，这是由幼儿的年龄特点决定的。因此，幼儿园作为专门的幼儿教育机构更应该顺应幼儿的天性，一切活动都应该在游戏中进行。否则，就是违背了幼儿教育规律。

6. 破坏亲子关系和谐

许多家长不懂得学前教育应该教孩子学什么，而是提前把上小学才学的知识硬填给孩子。学前阶段的孩子无论智力和能力都够不上，所以必定学不好，其结果是使孩子扫兴和反感，再加上家长的责骂和老师的批评，孩子厌学是必然的。这对孩子是不公平的，是对孩子极大的伤害，无异于揠苗助长。有的孩子即使勉强学了，但入小学后成绩也未必好。到了小学再学就等于留级一年，孩子似懂非懂，毫无新鲜感。无味枯燥的重复使他们丧失了对学习的兴趣，容易因已懂而不专心听讲，养成注意力不集中、不认真听课、做小动作、不完成作业等不良的学习态度，反而影响了所有学习任务的完成，成了老师和同学眼里的后进生，从而使孩子产生对学校、对学习的厌恶、厌烦情绪。

二、学前教育"小学化"的原因

学前教育"小学化"倾向的产生，原因是多方面的。这里面有幼儿园的责任，有家长的责任，有社会的责任，有教育部门的责任，还有教材编写者的责任。

1. 幼儿园办园宗旨不端正

一些民办幼儿园和许多自负盈亏或承包性质的公办幼儿园没有真正把培育全面发展的幼儿、促进幼儿身心健康成长作为办园的宗旨，而是一味"向钱看"。为了多收幼儿、多赚钱，这些幼儿园一味迎合家长望子成龙和社会揠苗助长的心理，不顾幼儿的年龄实际、身心实际、接受能力实际而开设一些不该开设的课程，向幼儿提出过高的学习要求，以求幼儿拿出学习成绩来，满足家长的虚荣，并以此作为"办园成绩"向社会炫耀，以提高本幼儿园的吸引力和竞争力。

2. 幼儿教师业务素质偏低

一部分幼儿教师对自己所从事的幼儿教育缺乏理性思考，对幼儿教育的宗旨、意义和目的的认识若明若暗，甚至错误地认为只要将知识传授给幼儿就是正确的、成功的，传授得越多越好。他们并不懂得素质教育，并不懂得全面发展，并不懂得幼儿身心特点，并不懂得教育规律。殊不知，他们揠苗助长的做法不但不能真正帮助幼儿学习知识，反而为幼儿健康成长设置了障碍。

3. 幼儿园教材脱离幼儿实际

纵观我们的幼儿园教材，不管是书店发行的还是教育部门征订的，不管是统编的还是地方编写的，不管是权威性的还是"出身低微"的，大都在量方面偏大偏多，在度方面偏深偏难，严重脱离幼儿身心实际和认知能力实际。这样的教材，实际上就是幼儿教育小学化的"总指挥"。

4. 教育部门对幼儿教育指导、监督力度不足

面对日益蔓延的幼儿教育小学化倾向，政府教育部门所起的作用微乎其微，或者是视而不见，或者是予以默许，总之不见教育部门对这种错误倾向予以制止和纠正。更有甚者，一些地方的教育部门还从活动组织、评奖、职称评定等方面不自觉地为幼儿教育小学化倾向推波助澜。

5. 幼儿家长和社会对幼儿园的评价标准发生偏差

许多幼儿家长把上幼儿园混同于"上学"，他们认为，上学自然要学知识，哪间幼儿园所学知识多，就把小孩送到哪间幼儿园去。他们以自己的小孩所学知识多作为炫耀的资本，津津乐道，喜气洋洋。社会舆论也普遍以所学知识多少作为评价幼儿园好差的标准，迫使大部分幼儿园

为了生存和发展而走上了幼儿教育"小学化"的道路。

孩子是生命的延续、民族的火种、人类的未来。要改变学前教育"小学化"的现状，真正让孩子赢在起跑线上就要解决学前教育"小学化"问题。必须正本清源，从理论和政策上科学区别幼儿园与小学的性质、任务、目标、内容、教学方法等，牢固确立幼儿园教育的独立地位和性质，将幼小衔接的任务交给小学来完成。

三、推进幼儿园教育的普及与公平，从根本上消除"小学化"衍生的政策环境

学前教育是国民素质教育的起点，最需要国家资助和保障。要将学前教育真正纳入公共服务体系，让所有孩子都享受到优质、廉价的学前教育。要坚持普及与公平一体化发展方针，落实各级政府办园责任、投入责任和师资保障责任，增加各级政府财政投入。幼儿园"小学化"很大程度上是生源竞争、利益竞争，根源在于幼儿园的办园体制。应实行以国家办园为主、财政投入为主、国办教师为主的三大政策，为消除学前教育"小学化"提供体制政策保障。

教育部门的态度如何，在很大程度上决定着社会对幼儿园评价的取向。要从根本上解决"小学化"问题，各级教育部门必须进一步加大对幼儿园指导、监督、管理的力度。教育行政部门要发布文件和规定，制定措施，在全国范围内加大治理力度，规范幼儿园办学行为。要重视学前教师，提高他们的地位，尊重他们的劳动，解决他们的待遇问题，加大对他们的培训力度。另外，可以发动报社、电视台、电台切实加强对学前教育的宣传，开展一场全国性的学前教育"小学化"大讨论，要让社会和家长都清楚：上幼儿园的孩子，刚开始接触正规的学习，学知识是必要的，但最重要的不是学了多少，而是能否培养孩子的学习兴趣，良好习惯。有了学习兴趣和良好学习习惯，才能使孩子渴求知识，主动学习，后劲十足。让全社会充分认识学前教育的宗旨、意义和目的，纠正"小孩上幼儿园主要就是学习知识"的错误认识，调整对幼儿园的评价标准，促进幼儿健康成长！只有提高全社会对学前教育的认识，正确调整家长和社会对幼儿园的评价标准，学前教育"小学化"倾向才能得到有效纠正。

如果人生是一场长跑，那么自信、爱学习、爱思考、乐观向上、能感恩、体谅他人，这些性格品质比知识更贵重，它们会让孩子健康成长。

儿童以玩为乐。孩子像鲜花一样灿烂，像小鸟一样活泼，像蝴蝶一样可爱，他们应在宽松快乐的环境中成长。所以，学前教育应遵循教育规律和幼儿的个性差异，以游戏为基本活动形式，培养其良好的生活习惯，渗透语言、科学、社会、艺术等方面的认知，从小受到人文熏陶。

未来的世界是属于重视幼儿教育的国家，为了孩子，为了自己，为了国家，请还给幼儿一片自由的天地吧！

参考文献：

[1] 杨东平. 中国忽视了学前教育的重要性[J]. 幼儿教育，2008（03）.

[2] 闻声. 重视学前教育：共同的责任与期待[J]. 教育导刊（幼儿教育），2008（01）.

[3] 玛丽亚·蒙台梭利. 童年的秘密[M]. 北京：人民教育出版社，1990：61.

[4] 马斯洛，等. 人的潜能和价值[M]. 北京：华夏出版社，1987：165.

[5] 教育部基础教育司.《幼儿园教育指导纲要（试行）》解读[M]. 南京：江苏教育出版社，2002：93.

[6] 张德洁. 学前教育小学化浅析[N]. 中国有色金属报，2004.

浅谈故事教学的作用

陈 娟　四川省武胜县沿口二幼

【摘　要】故事教学作为一种最受幼儿喜欢的活动形式，其优美的景色，典型的人物形象塑造，生动的故事讲述，让幼儿深深为之吸引，使他们增长了知识，发展了智力，并从中受到感染和教育，懂得什么是真善美，什么是假丑恶。对于幼儿园阶段的孩子来说，生理和心理都还在成长发育阶段，各方面的能力和习惯都需要进行培养，这就需要幼儿教师在教育过程当中，讲究教育的方式方法。故事教学在幼儿园里普遍运用，这种方式能够生动地、潜移默化地使得幼儿在其学习当中获得知识，易为幼儿阶段的孩子接受。

【关键词】故事教学　幼儿教育　作用

"在海的远处，水是那么蓝，像最美丽的矢车菊花瓣，同时又是那么清，像最明亮的玻璃。然而它是很深很深，深得任何锚链都达不到底。要想从海底一直达到水面，必须有许多许多教堂尖塔一个接着一个地联起来才成。海底的人就住在这个下面……"每当向孩子们娓娓道来故事情节时，他们不仅为故事的情节所打动，同时也赞叹着故事有如此的魅力！在运用故事对幼儿进行教学的过程中，我深切的体会到了故事的魅力。下面对故事教学的作用谈些看法。

一、故事教学有利于对幼儿实施良好的品德教育

幼儿正处于成长时期，由于知识和经验有限，培养他们良好的道德品质和良好的行为习惯，只用口头说教是难以达到的。而故事是集中地、典型地反映现实生活，幼儿在听故事的同时，往往会为正义和善良而快乐和欢呼，为小主人公悲惨的遭遇而流出感伤的眼泪，为故事中人物的机智而点头或对愚笨而摇头。幼儿听过某些故事后，对待事物的态度也

往往会有所改变，如知道关心别人了，爱清洁了，不是那么爱哭了。例如：有孩子乱扔垃圾，给他们讲了《西瓜皮的故事》，孩子就知道了乱扔垃圾会给别人和自己带来麻烦。这些都从一个侧面反映了故事教学在幼儿思想品德教育中的积极作用。

二、故事教学有利于提高幼儿的能力

1. 利于提高幼儿语言表达能力

幼儿正处在语言发展阶段，词汇贫乏，有时表达的句子还不符合语法结构，因此，故事可以成为孩子们的"语言教师"通过故事读物和视听资料等进行语言教学，往往比针对个别语法要点进行练习更有趣，也更有效。故事能帮助幼儿学习把话说得清楚并富有表现力。

2. 利于提高幼儿记忆能力

每个故事里都有鲜明的人物形象，都有起因、经过、结果，都有优美的词语、经典的句子。当老师讲述一个趣味盎然的故事时，幼儿的注意力相对集中，他们的听力在听故事的时候不知不觉地得到了训练。幼儿在记忆故事、复述故事的过程中，记忆能力也得到提高。

3. 利于培养幼儿的模仿能力与表现力

教师在讲故事时用夸张的语音语调、神态表情、手形手势来渲染故事。不仅能吸引幼儿的注意力让幼儿在倾听故事中有身临其境般的感觉，同时也给了幼儿提供了模仿的榜样。如在故事《小兔乖乖》中，幼儿知道大灰狼的声音是粗声粗气的，兔妈妈的声音是温柔好听的，在生动形象的复述训练中，幼儿提高了模仿能力与语言表现力，为将来绘声绘色地表达语言奠定了基础。

4. 利于培养幼儿的想象力与创造力

故事虚拟、夸张的特点，正好满足幼儿充满想象的心理特征。当幼儿听到故事中的人物遇到困难时，他们迫切地想知道如何解决，结果怎样？这时教师通过提问，让幼儿展开想象，思考解决的办法，通过语言引导，让幼儿说出正确的答案。故事能给幼儿无限的想象空间，只要教师把握好时机，就能让幼儿在故事中充分发挥想象力和创造力。

三、故事教学有利于丰富幼儿的知识

丰富幼儿知识，启迪幼儿智慧，是故事教学的重要功能。幼儿正处在人生的早期阶段，他们知识贫乏，认识能力有限。因此孩子常常向成人提出"是什么"和"为什么"等问题。为了满足孩子的求知欲望和好奇心理，给孩子们讲述故事生动地告诉他们"是什么"和"为什么"，从而为孩子打开知识的窗口。在丰富知识的同时，故事教学还可以提高幼儿的认知能力。幼儿在听故事时，会在感性认识和形象思维的基础上，进行思考和评价。虽然这样的思考是初步的，结论甚至是幼稚的，但对于提高幼儿的认知能力却是有意义的。

四、故事教学有利于教师开展教学

故事是一种幼儿喜闻乐见的教学形式，在语言课中有特定的故事教学，教师通过讲解、分析、讲述，让幼儿积累一定词汇，提高讲述能力。在其他门类教学中故事更是一种催化剂，催化着各类教学活动达到良好的教学效果。在音乐活动中，适当的故事讲解，让幼儿易于理解、记忆歌词；在美术活动中，简单的故事讲述能激发幼儿的创作欲望，引导幼儿丰富画面；在健康活动中，复杂抽象的内容变得清晰而具体，让幼儿的记忆特别深刻。幼儿园的所有活动都能看到故事的踪迹。

总之，故事教学，就是以幼儿为主体，以兴趣为中心，遵循幼儿身心发展的规律，创设愉快的学习氛围，让幼儿在倾听、理解、表达中得到发展。"兴趣是最好的老师"幼儿对故事本身有了兴趣，对教学活动就能积极参与，让教师的教学和幼儿学习都能轻松地完成。

故事教学在幼儿教育中是必不可少的一种教学方法，我们要充分认识到兴趣是孩子探索知识的最大动力，在孩子们的眼里，学习、生活和游戏都是没有界限的。因此，用生动、活泼、有趣、好听的故事教育幼儿，会让幼儿凭借故事提供的线索，大胆表达自己的理解，展开想象的翅膀，打开思维的通道，从而促进幼儿的全面发展和进步。

参考文献：

[1] [德]卢安克. 与孩子的天性合作[M]. 广州：广东教育出版社，2003.

[2] [美]辛西亚汤白斯,卡罗尔芬克. 天生棒小孩[M]. 沈宇,译. 北京:九州出版社,2005.

[3] [美]帕姆·斯比尔. 孩子的秘密花园[M]. 李寒,译. 北京:中国宇航出版社,2004.

浅谈幼儿体育游戏的有效开展

莫 芮   武胜县沿口镇第一幼儿园

【摘　要】体育活动是幼儿在园内学习与发展的重要内容，然而教师往往在拓展体育游戏项目时受到多种因素的困扰，在很多不良因素的影响下，幼儿体育游戏活动受到冲击，这对幼儿成长极为不利。通过开展特殊天气的体育游戏和自制体育器材以及利用本土资源增强幼儿参加体育活动的兴趣，使幼儿体育游戏活动开展更加顺利，更加完美。

【关键词】幼儿　体育游戏　特殊天气　体育器材　本土资源

一、引言

毕加索曾经说过："游戏从来都是幼儿与生俱来的天性，幼儿教育应以游戏为主题。"《幼儿园教育指导纲要（试行）》中指出："幼儿园应开展丰富多彩的户外游戏和体育活动，培养幼儿参加体育活动的兴趣和习惯，增强体质，提高对环境的适应能力。"可见体育活动是对幼儿实施全面发展教育活动中重要的组成部分。而游戏是幼儿与生俱来的天性，是符合幼儿年龄阶段发展需求的，现今在幼儿园中，不断推行课程游戏化、教学游戏化，在进行幼儿体育运动的过程中，也要使体育以一种游戏的形式体现。这样幼儿的体育活动才能开展得丰富多彩，才能使幼儿不断在游戏过程中锻炼身体，让幼儿乐在其中，玩在其中，成长在其中。

在幼儿进行体育游戏的过程中，兴趣是幼儿最好的老师，只要幼儿有了兴趣，体育游戏的顺利开展就进行了一半。这首先需要体育游戏的开展形式多样化，在体育器材的选择上要吸引幼儿的兴趣。在选择体育游戏器材时多用一些幼儿生活中常见的材料，利用本土资源开展幼儿的体育游戏最为合适，本土资源可以利用竹子、玉米芯等。

二、幼儿体育游戏开展存在的问题

体育游戏对于幼儿的成长来说意义重大,但是幼儿园中种种原因都会影响幼儿体育游戏的开展,这对幼儿的健康成长造成了一定的负面影响。比如在南方阴雨天气是阻碍幼儿体育游戏开展的最大难题,在梅雨季节,可能连续几周甚至两个月都在下雨,这给幼儿体育游戏的开展带来了巨大的困难。在阴雨天幼儿不能进行户外体育活动,他们的身体得不到充分的锻炼,对他们的生理机能是不利的;又如在有的幼儿园中,体育游戏器材单一或者幼儿可玩、能玩的器材单一,久而久之,体育游戏对幼儿来说便会变得枯燥乏味,这对体育游戏的开展是不利的,也会影响幼儿身心健康发展。体育游戏的开展固然重要,但是并不是只要开展了体育游戏就一定会对幼儿有所帮助,还要注重体育游戏开展的质量。要想让幼儿更好地成长,必须解决幼儿体育游戏的开展以及进行过程中的一些问题。

三、解决策略

在开展幼儿体育游戏时,首先要注意体育游戏开展得是否顺利,是否能使幼儿每天保持足够的运动量;其次要注意体育游戏的开展质量是否完美,幼儿是否很感兴趣,是否能够在体育游戏过程中快乐地玩耍,是否能够保证幼儿具有充足的运动量。在体育游戏的开展过程中,天气影响以及游戏器材单一一直是困扰各幼儿园的主要问题,要想让幼儿的体育游戏开展得顺利、开展的质量优良,可以从以下方面着手。

(一)开拓特殊天气体育活动

对于处在南方的幼儿园来说,幼儿的户外体育游戏活动常常因为连连的阴雨天气而告吹,这给幼儿体育游戏的开展带来了极大的困难。因此开展特殊天气的体育游戏活动很有必要,通过开拓该类体育活动,幼儿的体育游戏活动受天气因素影响的不良后果会降到最低,在阴雨天气,也能够通过体育游戏活动来进行运动,满足充分锻炼身体的需求。特殊天气时幼儿体育游戏的开展,一般在室内进行,主要通过特殊设计,让幼儿达到在游戏过程中锻炼身体机能的目的。

"穿越火线"是一项很适合特殊天气的幼儿体育游戏活动。在幼儿园不同区域之间的走廊地段设置相同颜色、不同高度、不同角度、不同长度的细线，将细线拉直，"穿越火线"区间的长度一般为十米至二十米，这比较适合幼儿的体能发展。当因为特殊天气（阴雨、雾霾等天气）幼儿不能进行户外体育游戏时，可以来到"穿越火线"区域，从起始点来钻、爬通过细线。在体育游戏前跟幼儿讲明规则，不能够碰触到细线，否则算违规。通过这样的体育游戏方式，幼儿玩得很开心，能够达到锻炼身体机能的目的。

《3—6岁儿童学习与发展指南》（以下简称《指南》）中指出：幼儿应具有一定的平衡能力，动作协调、灵敏的以匍匐、膝盖悬空等多种方式钻爬。其中"穿越火线"这一体育游戏将细线作为体育器材，将《指南》的宗旨发挥到淋漓尽致，不但使幼儿在游戏中玩得开心，也充分锻炼了体能，可以让幼儿玩在其中，乐在其中，成长在其中。

（二）自制体育器材

在进行体育游戏时，幼儿常常因为体育器材的单一而感觉枯燥无味，这使部分幼儿对体育游戏活动失去了兴趣，当别的小朋友用体育器材玩得不亦乐乎时，总有几个小朋友傻傻地站在那里看着别人玩。目前来看，很多幼儿园的体育器材花样不少，但是有的不适合幼儿玩或者幼儿不知道怎么玩，这使得自制体育器材显得尤为重要。对于体育游戏不感兴趣的幼儿，可以自制体育器材，让他们参与到其中。自己想要玩什么样的东西想必幼儿自己最为清楚，通过教师的有效指导、幼儿的积极参与，自制的体育器材能够很好地提高幼儿参加体育游戏的积极性，这对幼儿的成长与发展意义重大。

在幼儿园的体育游戏中，有投掷这一项，幼儿将皮球投到规定地点，有的幼儿对此不感兴趣，那么他们就不能获得该方面的体育锻炼，这时可以通过自制的体育器材来改善这一现状。如用PVC管子来制作球筐，教师引导幼儿进行制作。传统的球筐为圆形且较小，教师问：你们是不是觉得球筐很小呢？球筐除了可以是圆的，还可以是什么形状的呢？在教师的引导以及幼儿的参与下，用PVC管子将球筐制作成方的、更大的，幼儿很感兴趣，玩得很是开心。

《指南》中提出：发展幼儿动作的协调性和灵活性，要鼓励幼儿进行跑跳、投掷、拍球等体育游戏活动。通过自制的简单体育器材（"PVC管"

球筐），本来对球类不感兴趣的幼儿也都能积极地参与到这种体育游戏中来，达到让幼儿在积极玩耍中锻炼身体的目的。

（三）利用本土资源特色

竹子是大自然的产物，自古以来，我们的生活就与竹子息息相关，竹制品在生活中很多。我们利用乡土资源开展与"竹子"相关的体育主题活动，通过观察、讨论、欣赏、制作以及体育游戏等一系列的活动，能够激发幼儿对竹文化的兴趣与情感。

1. 跳竹竿——发展幼儿动作协调性和灵活性

《指南》中要求发展锻炼幼儿的动作，这也体现了《指南》所提到的幼儿"体"的发展。在跳竹竿运动中，能够很好地锻炼幼儿跑跳协调能力，也能锻炼幼儿的灵活性。将一根竹竿水平放置一定高度，让幼儿助跑后跳过竹竿进行比赛，看哪一位幼儿跳得最高便胜出。在幼儿跳竹竿过程中，指导他们助跑到与竹竿一定距离后，起跳跳过竹竿，经过多次的锻炼，幼儿们都能够轻松越过竹竿，从而发展了他们跑跳的协调能力。而在跳跃的过程中，身体要保持灵活，不能接触到竹竿，这也锻炼了幼儿的肢体灵活性。

2. 踩竹高跷——发展平衡能力

发展幼儿的平衡能力也是《指南》所提出的要求，幼儿的平衡能力从很多动作中可以体现出来，如走路、单腿站立等。为了发展幼儿的平衡能力，我们用"踩高跷"来对幼儿进行锻炼。然而幼儿第一次接触高跷，不乏有些孩子有不解以及畏惧的心理。选取竹子作为高跷的原材料，让幼儿见到高跷就有一种熟悉感、亲切感，使得他们不畏惧、不抵触，起到了很好的效果。在玩踩高跷的过程中孩子们都很开心，并且经过一段时间的户外活动，我发现幼儿的平衡能力都有所提高。

应用本土资源进行幼儿的体育活动，首先能够应用幼儿最熟悉的东西来吸引他们的兴趣，为体育游戏的顺利开展奠定了一定的基础，也能够在制作体育器材的过程中，发挥幼儿的想象力与创造力。

总之，"健康、语言、社会、科学以及艺术"是《指南》中明确提出的幼儿应学习和发展的，其中健康作为第一个被提出，对幼儿的成长与发展的意义不言而喻。体育游戏对于幼儿的健康来说格外重要，我们针对幼儿体育游戏开展所存在的问题提出了相应的解决策略，对幼儿的身心健康发展具有重要的意义。

参考文献：

[1] 杜燕红. 以幼儿为本：《3—6岁儿童学习与发展指南》的核心要义[J]. 教育导刊月刊，2013（3）：15-20.

[2] 贺玉杰. 让幼儿体育游戏焕发新的生命力[J]. 赤子：上中旬，2015（8）.

[3] 钱丹. 幼儿体育游戏的创新与实践[J]. 考试周刊，2014（97）：194-194.

[4] 王晋明，刘康超. 浅谈幼儿体育游戏教学中如何充分发挥教师的主导作用[J]. 课程教育研究，2014（9）：245-246.

[5] 李贵森. 创新性幼儿体育游戏案例分析及推广可行性研究[J]. 现代妇女：理论前沿，2014（8）：207-208.

[6] 张立辉. 利用废旧材料自制幼儿体育活动玩教具的实践与体会[J]. 中国现代教育装备，2014（6）：29-30.

[7] 周雪晴. 挖掘乡土资源丰富幼儿园体育活动[J]. 儿童与健康，2015（7）：58-60.

浅析幼儿入园前的准备工作

罗　玲　武胜县飞龙镇小学

【摘　要】宝宝要上幼儿园了，妈妈的心也揪起来了：第一次过集体生活，要接受陌生的老师和同伴，要遵守幼儿园的制度，要学会和其他小朋友共享玩具……总担心宝宝的心理承受不了。要提到宝宝的入园焦虑，妈妈们都能说出个一二来。可是，恰恰被妈妈们忽略的，是她们自己的心理：妈妈们同样也要面临入园的心理关，而且，这一关过得不好，把你的焦虑"泄露"给了宝宝，那可是"后患无穷"啊。

【关键词】幼儿入园前　准备

市民张阿姨的外孙优优刚满2岁，由于张阿姨身体不好，再加上女儿工作繁忙，无力照顾优优，一家人决定，让刚满2岁的优优去上幼儿园。

8月1日，优优在张阿姨的护送下顺利入园，没有哭闹，显得很平静。一连三天，优优在学校都没有哭闹。不过，老师却反映，三天来，优优没有跟老师和同学说一句话，十分沉默。同时，优优在学校也很少吃饭、很少喝水，甚至很少上厕所。张阿姨担心优优年纪太小，很难适应幼儿园，她甚至已经向老师提出了退学的想法。张阿姨忧心忡忡地告诉记者："真不知道该怎么办才好。"

一、幼儿入园前的准备

（一）心理准备

一是通过语言描述解决孩子内心焦虑。宝宝2岁了，已经可以理解很多成人的语言。因此，成人可以先用描述的方式平静随意地跟宝宝谈论幼儿园，告诉宝宝：宝宝就要上幼儿园了，幼儿园有一个什么样的老师，老师的样子是什么样的；还有一些其他的老师，他们长得什么样，穿什么样的衣服，妈妈去看的时候，他们正在和小朋友做什么事；老师是怎么说的，小朋友是怎么做的；他们是怎样吃饭的，怎样睡觉的；有一个小朋友想上卫生间了，他是怎样做的……

家长讲这些事的时候，就像讲一个童话故事，最好讲得非常有幽默感，逗孩子发笑，这样孩子就会要求家长一遍遍地讲。讲过几遍后，家长就可以拿出幼儿园的图片或宣传册页，指着上面的图画给孩子讲幼儿园的故事，指出园长的名字、每一个老师的名字，告诉孩子园长是做什么事的，幼儿园里有什么活动，还可以找一些关于宝宝上幼儿园的故事书讲给孩子听。

二是带孩子做初步的体验。这个时候，家长和孩子已经分享了许多关于幼儿园的故事，也刺激了孩子对幼儿园的注意，接下来就可以和孩子一起用过家家的形式来体验入园了。

先是妈妈扮演老师，让孩子扮演小朋友，从早上入园开始一直演到放学回家，将幼儿园可能遇到的事都编到过家家的程序中。玩过几遍后，再让孩子扮演老师，妈妈扮演小朋友。之后就可以带孩子去实地参观了。要尽量选择不同的时间段参观幼儿园的生活，使孩子将和妈妈玩游戏的经验与真实的幼儿园生活联系起来，进一步深化对幼儿园的认识，排除陌生感。

（二）物质准备

1. 衣物

为宝宝上幼儿园准备的衣裤、鞋袜，都应该是容易穿脱、便于运动和少装饰物的。许多家长在宝宝即将入园的前一段时间里，都会有意识地锻炼宝宝自己穿、脱衣物的能力，但他们会在宝宝穿、脱衣物时，不自觉地给予一些帮助，如，帮宝宝套上圆领衫、拉拉衣袖、提提裤子，把宝宝的鞋子按照左右顺序放好等等。待宝宝到了幼儿园，完全没有家长的帮助，全靠自己一人独立穿、脱时，就会遇到一些意想不到的困难，如，找不到套头的领口，分不清鞋子的左右等等。一般宝宝初入园时都会比较紧张，还不能坦然地向老师求助，这些困难会造成宝宝无法顺利地穿、脱衣裤。

2. 床上用品

有些幼儿园需要家长自己准备宝宝在幼儿园睡觉时用的被褥和枕头，因此，家长需要提前打听清楚，并根据幼儿园提出的尺寸要求，为宝宝准备出合适的被褥和枕头，最好能把适合不同季节、厚薄不一的被子都准备好。

3. 学习用品

宝宝上幼儿园后会有较多的绘画、手工等活动，带宝宝挑选一些蜡笔、水彩笔、橡皮泥等用品，有利于激发宝宝对幼儿园生活的向往。选购时，应注意产品的安全性，要购买环保、无污染的用品。家长还可和宝宝一起，挑选一个可爱的小书包，虽然对刚入园的宝宝来说，这个书包通常不是用来装书的，但如果每天都能像小学生一样，背着自己心爱的书包上幼儿园，宝宝内心便会有一种自豪感和兴奋感，家长又何乐而不为呢？

4. 个人档案

每个宝宝的个性特点、所受家庭教育各不相同，因此，会有一些特殊的个人生活习惯、兴趣爱好等。家长可把宝宝的这些特点写下来，在入园时交给老师，有利于老师尽快熟悉宝宝的个性特点和生活习惯，从而更好地照顾和教育宝宝。因此，一份生动、具体、详细的宝宝个人档案，是需要家长提前准备的。

5. 照片

照片的数目可以根据幼儿园的要求准备，一般用来贴在存放宝宝衣物的柜门和睡觉的小床上，当然，也可以把照片贴在宝宝的用品上，便于宝宝辨认自己的物品。注意要选用宝宝近期、清楚的照片，不要用太小时候的照片，否则，可能受到其他小朋友的嘲笑。

6. 体检表

宝宝入园时，需要出示体检表，家长可以带宝宝到所在区的妇幼保健院或有保健科的医院进行入园体检。挂保健科的号，告诉医生，宝宝要做入园体检就可以了。

给宝宝进行的体检项目通常是针对幼儿生长发育特点的常规检查，一般包括：体重、身高、视力、听力、牙齿（数目、有无龋齿）、内脏器官（心脏、肝脏、脾脏等）、有无佝偻病、肝功能等项目。体检后，家长要将体检表交给幼儿园的保健老师，在确保孩子无传染病或其他异常疾病后，就可以入园了。

二、在适应环境的过程中培养孩子以下几种能力

（一）学习与人交往的需要

孩子在家中生活的环境、交往的人群相对比较简单，入园后，孩子开始与老师交流，还要与小朋友交流。原来在家中，孩子的需要都被家长看在眼里，没等说就满足了；在幼儿园，想小便时要告诉老师，想玩玩具得跟小朋友商量，想出去玩得征求老师的意见……孩子要学会表达自己的想法和要求，要学会与小朋友交往。知道用说的办法与小朋友交往，学会大胆表达自己的要求是迈向与人交往的重要一步。

（二）学会基本的生活技能

孩子的基本生活能力是要及早学习的，吃饭、穿衣、如厕等能力的学习可以从 1 岁以后就逐渐开始了。基本生活能力的培养是帮助孩子走向独立，走向自主的重要前提。孩子缺乏自主的生活能力就会在适应新环境的过程中缺乏自信，就会产生退缩行为。"你应该自己穿衣服""你先用勺子自己吃，不能总让大人喂"。把孩子学习的权利交还给孩子，才会帮助孩子更好地适应环境，用自己的能力适应环境。

三、幼儿园老师应帮助孩子克服由于陌生环境带来的不安

（一）教师要提前家访，幼儿分批入园

入园前，教师可通过家访或电话联系，了解幼儿的身体状况、生活习惯、兴趣爱好和性格特点，熟悉幼儿的生活环境。家访时，教师可主动接近幼儿，与幼儿一起做游戏，消除幼儿对教师的陌生感。另外，教师还应善于观察幼儿的生活环境，如幼儿的游戏室是如何布置的，喜欢玩什么玩具等，这样的教师才可在幼儿入园后，尽可能为幼儿营造他熟悉的环境。而让幼儿分批入园，则可以让教师有更多的时间照顾新生，进行重点引导。同时，先入园的幼儿已形成良好的行为习惯和常规，他们的行为对后入园的幼儿可起到潜移默化的影响。

（二）帮助幼儿做好入园准备

入园前，可邀请幼儿来园熟悉环境，让幼儿在父母的陪同下，以小客人的身份到班上做客，可让先入园的小朋友准备自制的礼品送给新生，

加深师生、同伴之间的情感交流，让幼儿有"想上幼儿园"的欲望。同时，可建议家长通过讲故事、念儿歌、做游戏等形式，帮助幼儿进一步认识、了解幼儿园。另外，还要指导家长培养幼儿最基本的生活自理能力，如穿衣服、洗脸、刷牙等；提前按照幼儿园的作息制度安排幼儿生活，使幼儿的生物钟与幼儿园的作息时间相吻合。

总之，在儿童成长中，总会有一个又一个困难出现在他们面前，家长应客观陈述这些事情的真相，不夸张困难和痛苦，也不过分美化客观事实，更不能采用瞒骗的方式。要尽量实事求是地引导孩子坦然面对困难，这样才能培养他们接受困难、适应生活的勇气和能力。上幼儿园不是孩子成长中的孤立事件，它是整个教育链条中重要的一环，对孩子终身的成长影响深远。

参考文献：

[1] 赵燕芳. 幼儿园游戏的指导[J]. 教育科研论坛，2008（6）.

[2] 彭海蕾. 关于幼儿园游戏教学问题的思考[J]. 兰州学刊，2001（4）.

[3] 黄丽华. 浅谈数学教育中的游戏活动[A]//全国教育科研"十五"成果论文集（第二卷）[C]. 2005.

[4] 韩双慰. 在游戏中创新 在创新中游戏[A]. 国家教师科研基金"十一五"成果集（中国名校卷）（四）[C]. 2009.

[5] 龙波. 浅谈幼儿园游戏教学[J]. 内江师范学院学报，2006（S1）.

乡土资源在农村幼儿园的运用探究

谭琳俊　武胜县万善镇小学

【摘　要】《幼儿园教育指导纲要（试行）》中指出：各类幼儿园必须从实际出发，因地制宜地实施素质教育，要综合利用各种教育资源，为幼儿的发展创造良好的条件，为幼儿一生的发展打好基础。资源如何利用和开发，这是每位幼儿教师都应关注的课题，尤其是农村幼儿园，因为农村幼儿园有非常丰富的乡土资源。对于乡土资源的开发和利用，挖掘其中蕴含的教育价值，结合幼儿身心发展的特点，将乡土资源巧妙地渗透在幼儿教育的过程中，渗透到环创及幼儿游戏活动的各个角落，使幼儿学会互助合作，珍惜资源，乐于参与实践，积极探索。

【关键词】 乡土资源　农村幼儿园　运用

随着社会的进步，时代的发展，现在许多幼儿园都崇尚高端的办园理念，有漂亮的园舍、精美的环境创设、舒适的操场，看上去幼儿园就像童话王国一样的确很吸引小朋友，但始终缺少一点自然的东西。我园是一所农村幼儿园，这里没有漂亮的园舍，但我们老师充分利用农村有利的乡土资源为我们的幼儿打造一个快乐的乐园。

一、运用乡土资源开展主题教育活动

随着《幼儿园教育指导纲要（试行）》的贯彻落实，幼儿园出现了许多的教材。而且我县都是统一订购教材，这类教材很多内容离我们农村孩子的生活较远，孩子不感兴趣，而且实施起来也很困难。陈鹤琴先生指出："大自然是我们最好的老师，大自然充满了活教材，大自然是我们的教科书，我们要张开眼睛去仔细看看，要伸出双手缜密地研究。"于是我们就尝试利用我们农村固有的资源，挖掘有价值的内容，进行主题活动的开展。

春天到了，农村野外遍地都是草色青青，遍山都是金黄的油菜花、雪白的梨花、李花、粉红的桃花，到处鸟语花香，一片生机盎然。于是我们带领幼儿到大自然中去认识、探索。小朋友每天上学、回家的路上所见所闻，这些都是现成的活教材。于是我们就开展了形式多样的"春天来了"的主题活动。比如，语言活动"春天来了"：让幼儿通过观察春天周围的景色的变化、农民伯伯有哪些活动，让幼儿通过谈话的形式和小伙伴们交流，提高幼儿的语言表达能力。科学活动"春天的花"：让幼儿通过看看、闻闻观察发现春天来了有哪些花开了，这些花的形状、颜色、气味是怎样的，体会亲近大自然的乐趣，感受春天的美丽。艺术活动"我眼中的春天"：幼儿通过绘画、折纸、泥塑、歌唱等方式来表达自己眼中的春天。这些活动都是小朋友亲眼所见，亲自经历的，学习起来兴趣浓厚，达到了很好的效果。

在农村，水、石、沙、土随处可见，触手可及。虽然这些东西看起来很平凡，但在孩子们的眼里却是宝贝。在平时生活中，经常看见幼儿们去玩泥、沙，还拿着它们仔细观察，捏捏揉揉搓搓，爱不释手。我发现了这个教育契机，开展了"亲亲泥宝宝"的主题活动。在活动中我收集积累有关泥土的资料，如：图片、音像、实物等。让幼儿了解泥土的特征，并让幼儿从家里带来一些种子，体验种植活动，学会种植和照顾不同的植物。在体育区内，投放沙、石、土等不同的实物，让幼儿进行各种比较活动，并在筛沙、泥、石的过程中，发现里面还藏有什么"秘密"，并做记录。教师引领幼儿利用泥土制作泥塑，引导幼儿学习捏、搓、揉等方法技能，活动的开展为孩子带来无穷的快乐。"亲亲泥宝宝"这一主题活动，让幼儿通过走进自然，喜欢泥土的游戏、制作活动，探索、感知泥土的特点，了解泥土对人类的作用，培养幼儿初步的环保意识。

二、运用乡土资源进行主题环境创设活动

《幼儿园教育指导纲要（试行）》指出："环境是重要的教育资源，应通过创设并有效地利用环境，促进幼儿的发展。"在农村有着取之不尽用之不竭的乡土资源，在老师和幼儿的共同合作下，我们巧妙地把这些乡土资源进行加工改造，创设出与幼儿生活学习相适应的环境。

在我们幼儿园的走廊上，有用草帽、蒲扇经过装饰造型制作的物品。

用玉米秆剪裁成长短不一的小棍，外面涂上漂亮的颜色制作成风铃。外墙上全是用稻草、树叶、树枝、玉米须、各种豆类做的手工艺品。一走进幼儿园就感觉农味十足。这样的环创让孩子们学会了勤俭，学会了珍惜和利用资源，也让孩子学会了创造，通过自己的创造让乡土材料发挥更大的价值。

主题环境对活动进程起着不可或缺的作用。一个好的环境，它为教师提供了向幼儿传述教育意图的途径，为幼儿提供了表现自己的机会，也给了教师一个了解孩子发展的窗口。比如：在大班主题活动"我从哪里来"中，我们收集了花生、水稻、小麦、高粱的生长全过程实物，包括：这些农作物的根、茎、叶、花、果实等，做成网络图，让幼儿去和墙面"对话"，关注农作物的生长过程，掌握一些科学知识。在"多彩的秋天"主题环境创设中，我们让家长带来了一些"秋天的农产品"的实物，带幼儿出去秋游拍成照片，让孩子们捡一些树叶、果壳进行树叶、果壳贴画，我们把美丽的秋天景色拍下来，和孩子们一起布置成一个漂亮的主题墙。通过一系列主题墙的创设，孩子们随时可以展示自己在活动中的探索和发现，这样既发展了孩子的探索能力，又提高了幼儿参与环境创设的积极性。这些"环境"成了幼儿想象和思维的原材料，为幼儿创造了想象的空间。

三、运用乡土资源创设区域活动

区域活动是幼儿园教学的重要组成部分，是孩子获得知识、发展能力的重要手段。很多幼儿园老师对区角材料的投放很茫然，不知从何下手。虽然我们幼儿园室内、室外的操作材料少，但是我们却拥有丰富的自然资源。我们选择了安全、卫生、无污染的自然材料用于幼儿在区角活动中的操作和游戏。

种植区：我们在幼儿园里专门开辟了种植区，种一些简单易长的蔬菜和农作物。孩子们在家里带来了蔬菜种子，让孩子们亲自播种，浇水，施肥，并观察其生长变化，做好记录。蔬菜成熟后，还组织幼儿采摘。

美工区：老师带领小朋友捡了许多大小不一、形状各异的鹅卵石，让幼儿在石头上作画；小朋友从家里带来蔬菜、瓜果做出了可爱的小动物、小人物造型；用树叶、种子、果壳做成贴画；用泥土做糖葫芦，做窝窝头，做汽车。利用棕榈叶编制长颈鹿、麻雀、带鱼等。

　　益智区：投放各种豆类，让幼儿进行分类、排序、串珠、加减等活动。

　　表演区：用树叶、蔬菜、野草、野花制作服饰、头饰，让幼儿玩玩"时装秀"。

　　建构区：孩子们用石头或木块砌墙，用稻草作屋顶，搭建房子。用玉米芯搭城堡、飞机、汽车等。

　　运动区：我们主要以竹子制作了"高跷""梅花桩""竹套圈""竹球""跨栏"，让幼儿在体育活动中体验游戏的乐趣。

　　自然角：幼儿带来小鱼、小蝌蚪、蜗牛、小兔子等放在自然角饲养，并观察这些小动物的特点，生长变化，让幼儿在饲养中发现问题，并学会用自己喜欢的方式表达探索结果，与同伴分享。

　　我们的区域活动仅仅是开始，但也看出区角活动具有其他教育形式不可替代的优越性，深受幼儿的喜爱，更有利于幼儿的发展。只要我们在贴近幼儿生活的基础上充分挖掘本土资源，丰富区角活动内容，并让孩子在宽松愉悦的环境里与材料积极互动，我们农村的孩子和城市孩子一样会获得最大的发展，为其终身可持续发展奠定良好的基础。

四、运用乡土资源丰富幼儿户外游戏活动

　　游戏是幼儿自发的、自主的与空间材料、玩伴相互作用的情境性活动。我园立足于乡村幼儿园的实际，有目的、有计划地利用乡土资源开展幼儿园游戏活动。如在"小小解放军"游戏中，木桩、竹梯、草席、纸球……变成了"地雷区""崎岖的山路""敌人的碉堡"，用玉米秆制成长枪，玉米棒制成"手榴弹"，大班幼儿扮成英勇的"解放军"，跨越重重障碍，占领"高地"；"挖红薯"游戏中，中班幼儿背上小竹篓，在沙土中挖"红薯"，仔细找，用力挖；"骑马"游戏中，小班弟弟妹妹骑着"小马"（竹竿），走过竹梯铺成的"小桥"。用南瓜、冬瓜玩体育游戏"运瓜"。这些特色小游戏来源于幼儿的日常生活，充满童趣，幼儿运动的热情更加高涨。

　　农村拥有丰富多彩的民间文化和灵活多变的民间游戏，我们利用这些资源，增创了多姿多彩的民俗游戏。如"跳花竿"，幼儿可以在竹竿"迷宫"中自由穿梭，练习单脚跳、双脚跳、多人跳，是小朋友很喜欢的游

戏。此外,"扔沙包""踢毽子""跳草绳""跳房子""滚铁环""打陀螺""竹蜻蜓""舞龙""抬花轿""踩高跷""赛龙舟""骑木马"等传统民间游戏也成了幼儿户外运动的一部分。这些游戏都是幼儿十分熟悉的,他们在游戏中体验到了快乐,增强了体质。

总之,农村幼儿园应充分利用好身边的教育资源,追求最大的教育效益。乡土化的教育活动力求顺应幼儿的天性,让幼儿回归自然、回归社会,到大自然、大社会中去活动、去探索,满足幼儿的需求,让幼儿在玩中有乐,玩中有学,玩中有创,更好地促进幼儿全面发展。

参考文献:

[1] 肖莎. 谈乡土资源的利用[J]. 早期教育, 2004(12).

[2] 云凤. 乡土教育资源在幼儿园教育活动中的运用[J]. 学前教育研究, 2006(1).

[3] 杨静. 回归自然, 回归生活[J]. 幼儿教育, 2003(7).

幼儿数学学什么、如何学
——基于对农村幼儿教师、家长、小学教师的调查

曾 朱 岳池县机关幼儿园

【摘 要】数学是一门发展思维、帮助人们认识世界的学科，我国幼教工作者一直以来非常重视幼儿数学教育，本文旨在研究幼儿数学学什么、如何学。通过深度访谈和实地观察发现：幼儿教师、家长、小学教师不能准确理解幼儿数学是什么；大部分的教师和家长认为幼儿园应该开设数学活动，并认为幼儿数学学习的主要内容应该是加减法的运算；同时认为应该通过游戏和活动来进行，但仍有部分教师和家长不知道幼儿数学学什么、如何学。因此，引导幼儿教师、家长、小学教师正确认识幼儿数学是什么，学习幼儿数学的原因和幼儿数学教育实施的途径非常重要，所以本文希望通过这些研究资料可以帮助幼儿教师、家长更加正确地认识数学教育，使幼儿能够数学地思维、数学地生活、数学地成长。

【关键词】幼儿数学教育 农村幼儿教师 农村家长 农村小学教师

一、问题的提出

数学是研究客观世界的空间形式和数量关系的一门学科，数学的产生和发展与人类社会文明的发展息息相关。数学在实际生活中的运用也相当广泛，数学在自然科学中的运用主要体现在数学模型和数学方法，在人文科学中的运用主要体现在数学思维方式。美国教育家桑代克说："凡是客观存在的事物都有数。"意大利数学家伽利略说："大自然，这部伟大的书，是用数学语言写成的。"苏联教育家加里宁讲："数学是思维的体操。"这些人虽处不同时代、不同国度，但都科学地认识到数学的本质。的确，数学无处不在、无时不有、无时不用。

幼儿数学教育一直是我国幼儿教育界关心的重点之一。幼儿数学教

育是学前教育非常重要的一部分。幼儿数学教育是指幼儿在教师或成人的指导下（直接指导或间接影响），通过他们自身的活动，对客观世界中的数量关系及空间形式进行感知、观察、操作、发现并主动探究的过程；是幼儿积累大量有关数学方面的感性经验，主动建构表象水平上的初步数学概念，学习简单的数学方法和技能，发展思维能力（特别是初步的逻辑思维能力）的过程；是发展幼儿好奇心、探究欲、自信心，得到愉快的情绪体验，产生对数学活动的兴趣以及培养良好的学习习惯的过程。数学存在于日常生活中的方方面面，这个世界离不开数学，可以毫不夸张说，一切皆是数，儿童学习数学，可以帮助其正确地认识生活和周围世界，发展其思维能力，提高其生存、生活的能力。数学对于幼儿来说具有如此重要的作用，所以幼儿园开设与幼儿年龄特征相适应的数学活动是非常有必要的。那么幼儿数学应该学些什么，又应该如何去学呢？

目前国内外对于幼儿数学教育的研究主要是研究了幼儿数学教育的重要性和怎么样进行幼儿数学教育，范围多是城市幼儿园，很少研究农村幼儿园。笔者曾经在修文县久长镇实习，在这里发现当地的幼儿园教师、家长、小学教师非常关心幼儿的数学教育问题，但同时他们又很迷茫，不知道如何正确帮助幼儿学习数学。针对这一现状，笔者设计了7个核心问题对他们进行访谈，并把访谈的结果整理成文，希望可以帮助幼儿教师、家长更加正确地认识数学教育，使幼儿能够数学地思维、数学地生活、数学地成长，同时，为以后相关的研究者提供理论参考。

二、问题的研究

（一）研究对象

本研究采用随机抽样的方式，选取了贵州省贵阳市修文县久长镇的小学和幼儿园教师及家长，共访问了70位小学教师、40位幼儿教师、50位家长。

（二）研究工具

本研究主要采用深度访谈和文献研究。在2016年9月到11月期间，笔者来到贵州省贵阳市修文县久长镇对当地的幼儿教师、家长和小学教师进行访谈，访谈总共包括七个问题，主要围绕幼儿数学是什么、幼儿为什么要学习数学、幼儿如何学习数学这三个核心问题来展开，同时采用随机抽样的方式，抽取当地的部分幼儿教师、家长、小学教师进行个别访谈。利用该方法了解当地教师和家长对幼儿数学教育的相关态度以及幼儿数学教育的发展现状，为研究中的结果分析提供客观依据。

（三）研究程序

首先，按照预设的访谈提纲进行了访谈；其次，随机抽取教师和家长进行访谈；最后，根据访谈和观察的结果，再次进行有针对性的"深入访谈"，即根据研究的目的、需要以及教师的回应进一步追问。

三、调查结果分析

本研究在久长镇共访问了 70 位小学教师、40 位幼儿教师、50 位家长，本次访谈主要设计了 7 个核心问题，对于访谈的结果主要采用了 Excel 进行统计，以下就是对访谈进行统计处理、归类分析的结果。主要包括五个方面。

（一）对幼儿数学"是什么"的调查分析

这一问题访谈的对象主要是久长镇的幼儿教师、小学教师和家长。设计这一问题的主要目的是了解三者对幼儿数学概念的认识。访谈结果表明，三者对于幼儿数学概念的认识有着明显的差异：其中在受访的 70 名小学教师中，有 51 人认为幼儿数学就是加减法的运算，占总人数的 72.86%，有 8 人认为幼儿数学就是生活中的数学常识，占总人数的 11.43%，还有 11 人不知道幼儿数学是什么，占总人数的 15.71%；在受访的 40 名幼儿教师中，有 17 人认为幼儿数学就是加减法的运算，占总人数的 42.5%，有 13 人认为幼儿数学就是生活中的数学常识，占总人数的 32.5%，还有 10 人不知道幼儿数学是什么，占总人数的 25%；在受访的 50 名家长中，有 34 人认为幼儿数学就是加减法的运算，占总人数的 68%，有 6 人认为幼儿数学就是生活中的数学常识，占总人数的 12%，还有 10 人不知道幼儿数学是什么，占总人数的 20%。从此项调查结果可以看出，大部分教师和家长都认为幼儿数学就是加减法的运算，少部分的教师和家长认为数学就是生活中的数学常识，甚至还有极少部分教师和家长根本不知道幼儿数学是什么。

（二）对幼儿园是否应开设数学活动的调查分析

表1　您觉得幼儿数学是什么？（计算结果保留小数点后2位）

角色＼观点	加减法的运算	生活中的数学常识	不知道	总人数
小学教师	72.86%	11.43%	15.71%	70人
幼儿教师	42.5%	32.5%	25%	40人
家长	68%	12%	20%	50人

这一问题访谈的对象主要是久长镇的幼儿教师、小学教师和家长，设计这一问题的主要目的是了解三者对幼儿园是否应该开设数学活动的观点。《3—6岁儿童学习与发展指南》中明确提出科学领域包括两个方面，一方面是科学探究，另一方面是数学认知。访谈结果表明，被访谈的对象对于"幼儿园是否应该开设数学活动"这一问题的回答具有明显差异：其中在受访的70名小学教师中，有48人认为幼儿园应该开设数学活动，占总人数的68.57%，有22人认为幼儿园不应该开设数学活动，占总人数的31.43%；在受访的40名幼儿教师中，有28人认为幼儿园应该开设数学活动，占总人数的70%，有12人认为幼儿园不应该开设数学活动，占总人数的30%；在受访的50名家长中，有39人认为幼儿园应该开设数学活动，占总人数的78%，有11人认为幼儿园不应该开设数学活动，占总人数的22%。从此项调查结果可以看出，大部分教师和家长都认为幼儿园应该开设数学活动，只有一小部分教师和家长认为幼儿园不应该开设数学活动。

表2　您觉得幼儿园应该开设数学活动吗？（计算结果保留小数点后2位）

角色＼态度	应该	不应该	总人数
幼儿教师	70%	30%	40人
小学教师	68.57%	31.43%	70人
家长	78%	22%	50人

（三）对幼儿园是否应该开设数学活动的原因的调查分析

从访谈结果来看，受访的小学教师认为幼儿园应该开设数学活动的原因主要是为幼儿进入小学以后学习数学做准备,认为幼儿园不应该开设数学活动的主要原因是国家近几年颁布了"禁止幼儿园小学化"的相关文件,而幼儿园教数学就是小学化的表现;受访的幼儿教师认为幼儿园应该开设数学活动的主要原因有两点,一是学习数学可以帮助幼儿认识世界,二是学习数学可以为幼儿小学学习数学做准备,认为幼儿园不应该开设数学活动的主要原因是国家近几年颁布了"禁止幼儿园小学化"的相关文件,而幼儿园教数学就是小学化的表现;受访的家长认为幼儿园应该开设数学活动的主要原因是为幼儿进入小学以后学习数学做准备,认为不应该开设数学活动的主要原因是国家近几年颁布了"禁止幼儿园小学化"的相关文件,而幼儿园教数学就是小学化的表现。从访谈结果可以看出,大部分教师和家长认为幼儿数学的价值主要是为幼儿进入小学做准备,有少部分教师和家长认为幼儿数学的价值主要是发展孩子的逻辑思维能力,甚至还有少部分教师和家长对幼儿数学的价值存在错误的认识,他们认为幼儿数学的价值就是为了帮助孩子考试。

表3 您觉得幼儿园为什么应该(不应该)开设数学活动呢?

角色	态度	原因
小学教师、幼儿教师、家长	应该	1. 为小学做准备 2. 帮助幼儿认识世界
	不应该	国家禁止幼儿园"小学化",教数学就是"小学化"

(四)对"幼儿数学学习内容"的调查分析

数学的魅力不仅在于其精细的加减法计算,更在于数学是一种思维方式。数学对于幼儿来说,也同样重要,幼儿学习数学的主要形式包括家庭教育、社会教育和幼儿园教育,无论哪种形式的数学教育,都需要确定幼儿数学应该学些什么,于是笔者设计了这个问题,希望了解一线教师和家长的相关看法。在受访的70名小学教师中,有45人认为幼儿数学应该学些识数、简单的加减法、数的分与合,占总人数的64.29%;有25人认为幼儿数学应该学些生活中的数学常识,占总人数的35.71%。在受访的40名幼儿教师中,有18人认为幼儿数学应该学些识数、简单的加减法、数的分与合,占总人数的45%;有22人认为幼儿数学应该学些生活中的数学常识，占总人数的 55%。在受访的 50 名家长中，有 21 人认为幼儿数学应该学些识数、简单的加减法、数的分与合，占总人数的 42%；有 5 人认为幼儿数学应该学些生活中的数学常识，占总人数的 10%；有 24 人不知道幼儿数学应该学些什么，具体学习什么应该由幼儿教师决定，占总人数的 48%。从访谈结果可以看出，大部分的教师和家长把数学和算术几乎等同，所以他们认为幼儿数学应该学习识数、加减法等，只有少部分的教师和家长认为数学应该包括算术，所以他们认为幼儿数学学习的主要内容应该是数学常识。

表 4　您觉得幼儿数学应该学些什么东西？

角色\内容	识数、加减法、数的分与合	数学常识	不知道学什么，听老师安排	总人数
小学教师	64.29%	35.71%	0%	70 人
幼儿教师	45%	55%	0%	40 人
家长	42%	10%	48%	50 人

（五）对幼儿数学"如何学"的调查分析

数学教育需要和幼儿的生活紧密相连。数学的有趣在于儿童能在其中不断地积极思考、探索、挑战自我，探索解决问题的方法。同时，幼儿园数学采用什么样的方式来开展数学活动，对幼儿的积极性、探索性有着非常重大的影响。所以笔者设计了这一问题，希望了解教师和家长关于这一问题的相关看法。经过分析和整理以后，访谈结果如下：在受访的 70 名小学教师中，有 49 人认为应该通过游戏和活动来开展数学活动，占总人数的 70%；有 13 人认为应该通过课堂讲授的方式来开展数学活动，占总人数的 18.57%；有 8 人不知道通过什么样的方式来开展数学活动，占总人数的 11.43%。在受访的 40 名幼儿教师中，有 33 人认为应该通过游戏和活动来开展数学活动，占总人数的 82.5%；有 7 人不知道通过什么样的方式来开展数学活动，占总人数的 17.5%。在受访的 50 名家长中，有 8 人认为应该通过游戏和活动来开展数学活动，占总人数的 16%；有 42 人认为不知道通过什么样的方式来开展数学活动，占总人数的 84%。在访谈过程中，大部分的教师和家长都认为幼儿园应该通过游戏和活动来开展数学活动，有部分从小学转岗到幼儿园的教师认为幼儿园数学活动开展的方式应该和小学一样,通过课堂讲授来学习数学,还有少部分教师和家长不知道如何开展幼儿园数学活动。

表5　您觉得幼儿园应该怎么来开展数学活动?

角色＼方式	通过游戏和活动	通过课堂讲授	不知道怎么开展	总人数
小学教师	70%	18.57%	11.43%	70人
幼儿教师	82.5%	0%	17.5%	40人
家长	16%	0%	84%	50人

四、思考与建议

(一)幼儿数学教育应该走出"禁止小学化"的误区

长期以来,我国习惯于通过课堂式教育培养幼儿的"知识与能力",旨在将知识转化为幼儿的得分能力,在数学方面的教育就是力图将幼儿对数学的认知转化成做题的技能。随着学前教育的发展,人们对幼儿学习的方式也越来越关注,有许多专家和学者都提出,幼儿园应该"禁止小学化",因为只有"禁止小学化",才可以还孩子一个快乐的童年,才可以让孩子自由成长。为了更好地督促幼儿园禁止小学化,国家还颁布了相关法规,一时间"禁止小学化"成了热门词语,成了幼儿园教师和家长的追求。但是,"禁止小学化"就是什么东西都不能教授给幼儿吗?答案显然是否定的。在访谈中,有相当大的一部分教师和家长认为幼儿园不应该开设数学活动,原因是国家"禁止小学化",而开设数学活动就是"小学化"的表现。显然他们对"禁止小学化"的理解是错误的。"禁止小学化"不是不准传授知识,而是传授知识的方式要符合幼儿身心发展的规律,应该让幼儿顺其自然地成长,应该倡导"无限制"开放教学。幼儿数学教育对幼儿身心发展有着不可替代的重要作用,因此幼儿园应该开设数学活动,但是由于农村教师和家长知识水平有限,对"禁止小学化"的理解出现了错误,给幼儿数学教育带来了相当大的困难。因此要确定幼儿园是否应该开设数学活动,首先就要走出"禁止小学化"的误区。

(二)正确理解"数学"和"算术"的关系

数学是利用符号语言研究数量、结构、变化以及空间模型等概念的一门学科，而算术是数学中最古老、最基础和最初等的部分，是数学的一个分支，其内容包括自然数和在各种运算下产生的性质，运算法则以及在实际中的应用。显而易见，数学的外延要比算术大得多，数学不仅仅是算术。但是在访谈中，大部分教师和家长认为数学等同于算术。因此他们认为幼儿数学学习的主要内容是识数、加减法及数的分与合等与算术紧密相连的学科知识。他们忽略了数学是帮助人们发展逻辑思维的一门学科，忽略了幼儿学习数学思维的重要性。只是少部分教师和家长认为数学应该包括算术。因此他们认为幼儿数学学习的主要内容应该是数学常识。

对幼儿数学是什么的认识紧紧关系着幼儿数学学什么，而幼儿数学学习的内容又直接关系到幼儿对数学的体验。但是目前许多农村教师和家长对幼儿数学学习的内容还不是很明确，于是本文提出以下几点建议：

第一，生活中的数学是幼儿数学学习的主要内容。《3—6岁儿童学习与发展指南》数学认知部分的第一条目标就是"初步感知生活中数学的有用和有趣"，因此幼儿数学学习内容应该主要来源于实际生活。

第二，数学课程是幼儿数学学习的重要内容。我们强调幼儿数学学习内容的生活化、经验化，并不意味着要否定、弱化幼儿园正式的幼儿数学课程教学的作用。尽管非正式的数学内容是幼儿学习数学的基础内容，但数学作为一门本质上以抽象为核心的学科，其完整严密的逻辑性是客观存在的，幼儿园数学课程作为幼儿数学学习的重要内容亦无可置疑。因此幼儿数学教育的内容应该覆盖数和运算、形状与空间、测量、代数等领域的"大概念"，并提供适宜的学习情景。

第三，数学化的思维是幼儿数学学习的核心内容。儿童需要"数学化"，即能够用明确的数学语言思考问题，能够理解数的实际意义。例如他们能把1个苹果和两个苹果加在一起的动作转化成数学中的加法算式"1+2"。

（三）正确运用幼儿数学教育的多途径

幼儿数学教育的价值需要通过幼儿数学教育途径来实现，幼儿数学教育的途径有很多种，通过访谈发现，大部分的教师都认为应该通过游戏和活动的方式来开展数学教育，大部分的家长对开展幼儿数学教育的途径并不了解，甚至还有些从小学转岗到幼儿园的教师认为幼儿数学教育的方式应该和小学一样，即通过正式的课堂教学来进行。显然，这些转岗教师的观点是不正确的。幼儿数学教育具有重大的价值，但是如果没有适宜的教育途径，那么就会扭曲了幼儿数学教育。因此，对于幼儿数学教育，本文提出以下几条途径：

第一是环境。幼儿园的教室和园内都应该准备丰富的、能够支持数学学习的材料。但是只有丰富的"物理环境"是不够的，最关键的是要把"物理环境"转化成"行动环境"，即并不是环境提供了哪些可能性，而是儿童在环境中做了什么。"环境是第三位教师"，很多幼儿园的物理环境质量很高，但却没有对幼儿的数学学习能力发展起到引导的作用。

第二是游戏和活动。爱玩是孩子的天性，因此通过游戏和活动来进行数学教育不仅可以满足孩子的天性，还可以让孩子学到相应的数学知识。游戏，特别是建构游戏，能给幼儿提供很有价值的探索空间。从数学的角度来看，他们在游戏中的某些表现，其复杂程度让人惊讶。尽管游戏和活动对幼儿智力的发展和数学的学习有着重要的作用，但仅有游戏和活动也是不够的，游戏并不能帮助幼儿实现数学化，即以明确的数学方式思考自己的经验，并理解两者的关系。

第三是随机教育。随机教育在幼教界得到普遍的认可，但在实践当中，随机教育并不是有效的教育途径。大多数的教师很少花时间去认真观察幼儿，而这对察觉和判断教育契机是必不可少的。教师本身所具有的认知水平也难以支持她们发现日常生活情景中对各种数学概念开展教育的契机。更何况，教师面对的还是40多个来自不同背景的幼儿。

第四是有目的的教学。有目的的教学是课程的必然要求，也是幼儿数学教育的关键要素。研究和实践证明，数学教育需要教师系统地、有目的地设计和安排一系列数学活动，以引导幼儿的发展，在精心思考和组织的数学环境和数学活动中，由教师的启发诱导，幼儿才能够有效地学习与其身心发展相适应的数学经验。

参考文献：

[1] 金浩，黄谨. 学前儿童数学教育[M]. 上海：华东师范大学出版社，1999：3-4.

[2] 霍力岩. 学前教育研究方法[M]. 北京：高等教育出版社，2011：

170-172.

[3] 张俊. 数学地生活 数学地思维 数学地成长——幼儿数学教育热点透视[J]. 亦阳幼教评论，2013，26：6-15.

[4] 郭跃进. 幼儿园教育走出"小学化"误区的策略[J]. 学前教育研究，2013，10：64-66.

[5] 周欣等. 认知因素对儿童早期数学学习困难的影响[J]. 学前教育研究，2013，11：3-11.

如何组织小班幼儿的晨间谈话

衡娅琴　盐亭县文同小学附属幼儿园

【摘　要】晨间谈话是幼儿园一日活动中的一个环节，是教师和幼儿情感交流的最好时机，我们老师应充分利用这段时间，发挥"谈话"应有的功效培养幼儿良好的行为习惯。

【关键词】幼儿　晨间　充分利用　教育契机

"一日之计在于晨"，晨间谈话是幼儿园一日活动中的一个环节，在整日活动中有着其特殊的作用，是教师和幼儿情感交流的最好时机，我们老师应充分利用这段时间，发挥"谈话"应有的功效，谈出新意，谈出特色。如何真正地了解孩子？如何耐心倾听孩子的想法？如何用欣赏的目光看待他们，用友好平等的态度去和他们交流？在教学实践中，我是从这几个方面去做的：

一、通过游戏，抓住教育契机

冬天的早晨很冷，有雾有霜，晨间接待时小班孩子们显得缩手缩脚的，有的还哭着不愿上幼儿园。每当这时候，我不会让他们像中大班孩子那样围成圆圈圈坐，而是玩游戏，玩得最多的游戏就是开火车。我当火车头，小朋友当车厢，来一个小朋友就自动接上。随着陆陆续续的小朋友来园，几分钟就开了长长的一列火车。我一边带着孩子们围着教室四周玩开火车游戏，一边用语言和她们交流："今天早上吃的什么啊？谁送你来上幼儿园的？是自己走着来的吗？今天你看见我班谁哭了？"孩子们会争先恐后地回答我的问题。为了养成安静倾听的好习惯，我会让火车到站歇息（即小朋友原地蹲下），接着我会给火车加气，我到谁的面前做打气的动作，谁就站起来回答问题，给几个小朋友打气就回答几个问题。然后又带着火车继续前进，继续交谈不同的话题，游戏玩几次谈话的话题也要变几次。每天我都会抓住这个晨间谈话难得的教育契机，鼓励幼儿大胆说话，用连贯的语言表达想说的事情。通过接近一学期的训练，孩子们的语言表达能力增强了，上课提问时再也不是我一个人自问自答了。这件事使我认识到作为一名教师，要善于抓住每一次的教育契机对幼儿施教，全面促进幼儿身心和谐发展。

二、结合环创，重视行为习惯培养

每天的晨间谈话，我都会先确定好谈话的主题，尽量做到谈话时胸有成竹。我还常常利用晨间谈话这个机会来培养幼儿的好习惯。有一天，我们的谈话火车开到走廊了，因为我们小班楼道的"文明礼仪伴我行"主题墙布置好了，我要让孩子们参观学习，还要教会他们爱护布置好的环境。在火车行进过程中，我带着他们学说礼貌用语，教他们朗诵礼仪儿歌，让他们自己去发现礼仪标兵做了哪些事，还让他们说说该怎样爱护我们的主题环境。孩子们的学习积极性很高，眼睛一直跟随老师，嘴巴发出整齐响亮的声音。可是有极个别的幼儿就像没看见老师一样，自己玩自己的，一会儿摸主题墙上漂亮的手工作品，一会儿去摘窗台上种植角里花的叶子。我立刻用语言制止，还在晨间谈话里针对"该不该采花的叶子"这一问题与幼儿展开讨论。在亲切自然的交流中，幼儿知道了我们要爱护花草树木，不应该乱采乱摘。在生活中，我们作为幼儿的启蒙者，要时刻关注他们的发展，及时地去帮助他们，引导他们，不仅使他们具有全面的科学知识，更要帮助他们形成良好的行为习惯，这对他们以后的一生发展都有着积极的意义。

三、亲近幼儿，倾听孩子心声

赏识教育是实施素质教育的一个内容，教师要学会关注孩子，赏识孩子，走近孩子，聆听他们的心声，你会发现孩子们身上有着无数的宝藏，需要我们教师去挖掘、去利用。有的幼儿在家里不听父母的话，却愿意把心里话跟老师讲，针对这一情况，我利用晨间谈话展开了"老师，我想对你说"的活动，让幼儿和我说句悄悄话。通过悄悄话，我发现孩子的心和我贴得更近了，他们愿意把心里话讲给我听。如有的孩子对我说："昨天我帮妈妈摆碗筷了，妈妈夸我真能干。"有的告诉我："星期天，妈妈带我去坐碰碰车了，玩得很开心。"还有的对我说："放假了，我很想老师，想给你打电话。"从幼儿一句句稚拙天真的话语中，我发现每个孩子都是可爱的，身上都有闪光点，关键看教师如何去看待他们。多赏识孩子，让每一位孩子都成功吧。

四、同伴交流，学会关心他人

现在的孩子都是独生子女，一大家子的人围着他们转，真正是家里的小公主、小太阳，他们缺乏和同伴交往的机会，不知道如何和同伴友好相处，霸道任性，骄蛮不讲理。可是他们作为社会中的一员，首先就要学会与人交往的基本能力，要学会关心他人，只有这样他们才能具有较强的社会适应力。

在每天的晨间谈话中，我都会留下几分钟让幼儿自由交谈，他们可以自由结伴，形式多样地谈话，谈的话题是自己所看到的，听到的，还可以是自己创编的，甚至可以讲自己的梦境。刚开始时，只有几名幼儿主动去找好朋友交谈，大多数幼儿不知道去找谁说话，我就用语言提示他们"谁是你的好朋友，去和他说话吧""你最喜欢谁，去告诉他你想和他玩""今天来园谁向老师问好的声音洪亮，去把他找出来，和他一起学说礼貌语"。慢慢地班里大多数幼儿都能主动去找人交谈了，在交谈过程中，他们了解了同伴，学会了关心他人，还发展了自己的语言表达力，更可贵的是幼儿具备了责任感和爱心。

参考文献：

[1] 教育部基础教育司.《幼儿园教育指导纲要（试行）》解读[M]. 南京：江苏教育出版社，2002：93.

如何实现真正的家园共育

郑芙英　岳池县示范幼儿园

【摘　要】幼儿园是幼儿教育机构中的主体部分,幼儿园教育在整个教育体系中处于核心地位,我们通常所说的幼儿教育即幼儿园教育。幼儿园教育是根据幼儿教育的目的、任务,有计划、有组织地对幼儿实施的教育活动,在幼儿的全面发展教育中起着主导作用。幼儿教育是一项很全面很繁琐的工程,它决定着这个孩子的未来。阚美慧教育专家研究:孩子在0~6岁所学到的一切将有可能影响孩子的一生,由此可见幼儿教育是多么的重要,所以不管是老师还是家长都应该重视孩子的学前教育。只有在家庭教育和幼儿园教育相互结合的情况下,才能真正做好幼教工作。

【关键词】幼儿园教育　家庭教育　家园共育

幼儿园教育的任务是实行保教相结合的原则,对幼儿实施德、智、体、美诸方面全面发展的教育,促进其身心和谐发展。可见,幼儿园教育能使幼儿的各方面能力都得到发展,体现出了培养综合型人才的教育方针,符合社会的发展需要。幼儿园教育是一个以幼儿心理特点为依据的教学过程,不但要求做到循序渐进,更注重幼儿年龄特点和教学内容的连贯、有序,以及幼小衔接等等,这些都是幼儿发展中不可忽视的影响因素。幼儿园教育使幼儿能更好、更快地适应社会生活,为幼儿将来的发展奠定坚实的基础。幼儿教育的特殊性使得幼儿教育具有双重性任务,它在促进幼儿全面发展的同时,为家长的工作、学习带来了便利条件。

孩子是家庭的希望,社会的未来。"父母是孩子的第一个老师"。幼儿良好的教育离不开好的家长。家庭教育是人类的一种教育实践,是在家庭互动过程中父母对子女的生长发展所产生的教育影响。幼儿一出生就与家庭相接触,父母对幼儿的教育于不知不觉中渗透在幼儿生活的各个方面,家庭教育是贯穿在幼儿一生成长过程中的。

家园共育就是家长与幼儿园共同完成孩子的教育。在孩子的教育过程中并不是家庭抑或是幼儿园单方面地进行教育工作。新颁布的《幼儿园教育指导纲要(试行)》(以下简称《纲要》)中指出:"家庭是幼儿园重要的合作伙伴。应本着尊重、平等、合作的原则,争取家长的理解、支持和主动参与,并积极支持、帮助家长提高教育能力。"而幼儿园家长工作的出发点就在于充分利用家长资源,实现家园互动合作共育。

一、家园共育的重要性

家园共育十分重要,要想真正实现家园共育,不仅要引导幼儿,还要做好家长沟通工作,引起家长对家园共育的正确理解与重视,听取家长意见的同时,引导家长共同教育自己的孩子。

(一)家园共育是幼儿发展的需要

幼儿园、家庭、社区是儿童发展中影响最大、最直接的微观环境,作为幼儿最早接触的社会文化环境,它对幼儿发展所起的作用,是其他任何因素所不可比拟的。因此,儿童教育必须从特定的环境中所经历的活动、承担的角色及建立的人际关系出发,协调相关的社会群体力量,共同促进儿童的发展。

(二)家园共育有利于家长资源的充分利用

家庭是孩子成长发展的第一个环境,家长与孩子之间特有的血缘关系、亲情关系与经济关系,使这种教育具有感染性、长期性和针对性,教育内容复杂丰富且教学方法灵活多样。同时,幼儿的家长来自各行各业,可谓人才济济,是幼儿园得天独厚的教育资源。让家长用各自的专长参与幼儿园的教育,可以使他们深层次地了解幼儿园,了解幼儿教育,丰富孩子们的学习形式,同时可以使自己的孩子获得更强的自信心,表现出永不畏惧的毅力。

(三)家园配合一致,促进幼儿健康和谐发展

教师、家长作为孩子的教育者,是对幼儿实施促进发展教育的主体。新《纲要》中指出:"幼儿园应主动与家长配合,帮助家长创设良好的家庭环境,向家长宣传科学保育教育幼儿的知识,共同担负幼儿教育的任

务。"幼儿园要发挥主导作用,要充分重视并主动做好家园衔接合作工作,使幼儿园与家长在教育思想、原则、方法等方面取得统一认识,形成教育的合力,家园双方配合一致,促进幼儿健康和谐发展。

二、当前家园共育存在的问题及原因分析

(一)家园共育存在的问题

(1)家园合作中教师、家长的地位不对等。

(2)家庭教育重视早期智力的开发,忽视非智力因素的培养,尤其是忽视对幼儿进行做人教育。

(3)家庭教育指导过程中,教师很少听取家长的意见和看法。

(4)家庭教育中过分重视幼儿特长教育的培养,而忽视身心的全面发展。

(二)家园共育存在问题的原因分析

(1)家园合作中教师、家长的地位不对等。表现为以幼儿园教育为中心,要求家长配合幼儿园工作,很少考虑家长的需要和想法,使家长处于服从的位置上。幼儿园老师在教育活动中常常让家长带废旧材料、实物入园便于孩子开展游戏、进行教学活动,但家长并不知道老师组织活动的目标、要求,有时会让家长感到厌烦,存有抵触情绪,易使老师、家长的距离在不知不觉中拉开了。

(2)家庭教育重视早期智力的开发,忽视非智力因素的培养,尤其是忽视对幼儿进行做人教育。突出表现为家庭教育"小学化"问题严重,家长认为孩子早些进行认字、加减运算、认读汉语拼音、背诵古诗等,亲朋好友聚会时好让孩子有展露"才艺"的机会,为自己的"面子"增光添彩。只重视眼前智力的培养发展,忽略了培养孩子学会生存、学会做人、学会合作、学会交往的能力,生活中一味地迁就孩子、保护孩子,这必然导致幼儿片面地发展,也可能使幼儿性格执拗孤僻。许多家长不能理解一个问题,就是幼儿在未来社会的生存质量取决于生理、心理和道德品质等因素,未来社会情商重于智商。

(3)家庭教育指导过程中,教师很少听取家长的意见和看法。教师仅仅把书报杂志上的有关文章摘抄一些贴到"家长园地"里,或者教师

把家长当作听众,以单向的讲授为主,不给予家长更多思考的时间,更没有留给家长发表自己看法的机会,使得指导内容缺乏针对性,结果很难被家长真正接受并内化为今后教育子女的能力,影响了家长参与合作的主动性和积极性。

(4)家庭教育中过分重视幼儿特长教育的培养,而忽视幼儿身心的全面发展。不少家长片面地认为:素质教育就是特长教育,就是通过一些社会上开办的培训中心、活动中心对孩子进行体育、舞蹈或琴棋书画方面的专门训练,使孩子掌握一技之长。于是不管孩子兴趣如何,一味地奔忙于幼儿园、家庭和培训中心之间,盲目地参加各种兴趣班,弄得孩子疲惫不堪,丧失了学习的兴趣。

三、建立新型家园共育关系建议

(一)家庭是基础

家是幼儿自出生以来接触时间最长的区域,对于孩子而言,有三分之二的时间是和家长一起度过的,这就意味着家庭是幼儿个性形成的必要环境场所。那么家园共育在家庭中就显得尤为重要。而父母是孩子的第一任老师,家庭教育对幼儿来说是非常重要的。幼儿的健康成长离不开家长的用心陪伴,孩子成长的每一步都记载着父母一点一滴的辛劳,所以创设良好的家庭教育环境,对幼儿来说是必不可少的,也是孩子迈向成功的一个坚定的垫脚石。

(二)幼儿园是主体

幼儿个性品质作为一种内在的因素,在很大程度上能左右幼儿的一生,包括才华的积累、才能的增长和才干的发挥。俗话说"三岁看大,七岁看老",这句话说明3~7岁这一年龄段的重要性。而这一时期孩子正处于幼儿园阶段,绝大部分时间都在幼儿园度过,这也间接说明幼儿园教育的重要性。

《幼儿园教育指导纲要(试行)》中明确指出"幼儿园教育应关注个别差异,促进每个幼儿富有个性的发展"。朱永新教授的"新教育实验"的基本观点就是"强调个性发展,注重特色教育"。发展个性、促进每个幼儿个性发展已成为当代幼儿教育的重要目标。个性化发展是指个体按各自特定的方式发展自我，完善自我，形成相对稳定而独特的健康个性。

1. 加强双方的沟通交流

每天晨间接待、离园时间都是交换意见的极好时机。在此期间，家长可以给教师反映孩子在家里的表现，让教师了解情况，和教师讨论教育方法。特别是对一些突发事件，这样的交流可以很好地帮助孩子解决问题，也能减少家长和教师之间的误解。

幼儿园微信、公众号作为信息传播和交流的平台，可以帮助教师与家长更好地沟通。

2. 共同营造良好的环境

幼儿从不同的家庭来到幼儿园，面对新的环境，在心理上会有一定的压力。特别是现在的孩子大多数是独生子女，在家中是一家人围着转的核心人物，但到了幼儿园他就要考虑别的同伴的喜好与意见。独生子女的增多导致孩子们的同伴也越来越少，这种现象也导致他们在人际关系中无所适从。正如阅美慧教育专家所说："人类的心理教育最重要的就是对人际交往的适应。良好的环境少不了幼儿园、家庭的共同努力。幼儿原始生态环境中学前教育系统的支柱，对学前儿童的教育起着导向作用。"家庭是幼儿生存和发展的社会组织，家庭环境的教育功能会影响儿童的健康发展。因此要想孩子健康发展，除了老师的努力以外家长也需要努力。

3. 共同创造爱的氛围

爱是拉近人与人关系的一条纽带，是构建社会文明的支柱，有了爱，人与人之间不再陌生；有了爱，我们的灾区同胞重建了家园。同样，孩子更需要我们用心去爱他们，孩子的健康成长离不开身边每一位亲人的关爱。阅美慧教育实践证明，一个充分受到成人有理智的爱的孩子，总是充满自信，朝气蓬勃，积极向上的；反之，被成人厌弃的孩子则常常自暴自弃，形成自卑、逆反的心理。

（三）幼儿园、家庭、社区合作共育

1. 加强幼儿园、家庭和社区对合作共育的认识

家庭和社区是学前教育不可缺少的外部环境。社区与家庭应当成为研究和完善幼儿教育的合作者，双方不仅要在教育内容和管理方法上和

幼儿园相互配合,更应该在教育理念上达成一致,从而实现真正意义上的"合作"。各方要真正理解和把握合作共育的精华,提高对合作共育的认识。通过相关工作的开展,利用幼儿园的资源帮助改善社区的教育条件,幼儿园再通过开发社区教育资源完善其自身功能,使家庭、社区、园所互相配合,共同提高三方协调能力,互相接纳,互相融汇,互帮互惠,建立新型的家庭、幼儿园、社区合作关系,真正意义上实现"教育社会化"和"教育社区化"。

2. 以幼儿园为"主力军"开展活动

(1) 开展三方联谊活动。幼儿园可以将自身角色定位为活动的"主办人",邀请"宾客"家庭和社区共同参加"联欢",也就是经常组织开展合作共育活动,三方通过各种合作共育活动加强认识和联系。比如举办一些家庭、幼儿园、社区共同参与的亲子运动会,设计一些需三方合作完成的趣味游戏、节目表演或育儿知识抢答竞赛等,为家庭、幼儿园、社区创造交流的机会。

(2) 指导家庭教育活动。"望子成龙,望女成凤"是每一位幼儿家长的愿望,随着社会的发展和国外理念的引入,家长也越来越重视幼儿教育,却缺少相应的科学引导和援助,所以开展家庭教育指导活动对于家长而言是强有力的后盾支持。一方面,幼儿园老师要通过家访、家长开放日、家长联系簿、校园公告栏、QQ群、微信群、微信公众号、幼儿园网站等联系方式,及时告知幼儿在学校的表现,共同探讨管理经验,提升幼儿教育水平。另一方面,幼儿园要经常开展各种相关的专题讲座,对广泛存在的家庭教育问题进行解答。

(3) 开发社区教育活动。幼儿园要做到"物尽其才,人尽其用",尽可能地开发社区教育资源。多带领幼儿参加社区系列活动,比如根据时令节气举办外出活动,春天可以带领孩子踏青、植树,夏天可以野餐,秋天可以到田野里体验秋收,去敬老院看望孤寡老人,与社区康复中心的孩子们一起做游戏都是不错的活动方式。也可以借鉴英国幼儿园赢得"家长许可"的做法,每次外出要有家长签字,或者邀请家长共同参加外出活动,这样幼儿园可以放心利用社区教育资源,不至于有沉重的心理压力。同时,幼儿园老师应该充分了解社区的教育资源现状,全方位指导家长如何利用社区资源进行幼儿教育活动。

（4）利用幼儿园特有资源，为社区提供早教服务。作为社区的一个学前教育机构，让社区婴幼儿共享学前教育资源已被我国很多幼儿园所认可。幼儿园可以成立社区的幼教活动中心，定期向社区居民宣传幼儿园的工作目标、近期活动、幼教新信息及美术作品等。为了使社区0~3岁学龄前家长更好地掌握育儿知识，幼儿园教师也可以定期介绍家庭教育的目标以及纠正婴幼儿偏食的方法、卫生健康知识等，通过一些亲子活动，使低龄幼儿尽早熟悉幼儿园的环境，为以后适应幼儿园生活奠定基础。

总之，随着社会的发展、时代的进步，幼儿园的教育不再是传统的单一的幼儿园内部的教育，要树立正确的教育资源观，让幼儿园教育跨越围墙，开发并发挥幼儿园、家庭、社区教育资源的最大功能，去探索幼儿园、家庭、社区合作共育的新模式，不断扩展幼教天地，以促进幼儿健康、全面地发展。

参考文献

[1] 李兰生. 幼儿园与家庭、社区合作共育的研究[M]. 武汉：华东师范大学出版社，2013.

[2] 郑慧俐. 家庭、幼儿园和社区的三维互动研究[J]. 早期教育（教科研版），2013（4）：44-46.

[3] 陈凤华. 家园共建：幼儿园教师怎样做好与家长交流沟通[J]. 工作研究，2013（10）：173.

美术教学中小班幼儿绘画兴趣的培养

杨 梨　岳池县示范幼儿园

【摘　要】幼儿的美术教学应引导幼儿接触生活中的各种美好事物与现象，丰富幼儿的感性经验和情感体验。《幼儿园教育指导纲要（试行）》中指出：艺术是幼儿的另一种表达认识和情感的"语言"。美术教学本身是艺术教学，而艺术教学就更需要讲究教学的艺术性，以体现艺术的美。美术教学中幼儿绘画兴趣的培养要做到兴趣激发、大胆想象、情感体验、增强自信等几个环节。

【关键词】美术教学　小班幼儿　绘画兴趣

幼儿在绘画活动过程中应有愉悦感和个性化的表现。教师要理解并积极鼓励幼儿与众不同的表现方式，应注意不要把绘画教育变成机械的技能训练。绘画活动需要幼儿天马行空的想象力和大胆地创造。小班幼儿才三岁，由于手的小肌肉发育还不够完善，有时不受大脑的指令，正处在涂鸦时期。有的孩子还不会握笔；有时画得一塌糊涂；有的根本不敢画，生怕自己画不好，受到老师的批评。作为幼儿教师，我们应如何让幼儿大胆绘画，最大限度地挖掘幼儿的绘画潜能，让小班幼儿喜欢上画画呢？

一、巧设情境，激发兴趣

营造轻松愉快的学习氛围，不给幼儿以压力，吸引幼儿的有意注意。我在教学中尽量使用有童趣、符合幼儿欣赏水平的语言，特别是在示范、讲解时更应注意语言的形象化、儿童化。兴趣是幼儿学习、发展的巨大推动力，只有幼儿对活动产生浓厚兴趣，积极参与，才能获得良好的活动效果。我们教幼儿绘画，并不是要把每一个幼儿都培养成为小画家，而是培养他们对绘画的兴趣，通过画画使他们的认知、情感等得到健康发展，能自主大胆地表现自己所思所想。小班幼儿的绘画活动主要是以涂鸦为主，"兴趣"是这个阶段绘画活动的重心。在幼儿感受情景中带来乐趣的同时，教师逐步引导幼儿感受各种色彩、线条、图形等的美。激发幼儿绘画的兴趣要学会以境激情，陈鹤琴先生曾说过"怎样的环境，就得到怎样的刺激，得到怎样的印象"。例如：在小班美术活动"手指宝宝会走路"中，要求幼儿能随歌曲节奏进行玩色游戏，感受色彩、线条、节奏美。我充分利用主题环境春天，前期在教室里布置了很多关于春天的季节性的装饰，春天的树、春天的花、春天的变化等等。幼儿在春天的情景里更能体验到春天的季节特征。幼儿在这样的情景中玩得不亦乐乎，更深刻地体验了小动物走路的特点。我引导他们了解小动物走路与各种线条的相互关系，幼儿在这样轻松、愉悦的情景中能随歌曲节奏进行玩色游戏，并能大胆绘画。幼儿在活动中感受到了各种线条的魅力并创造出各种小动物走路的线条。为幼儿营造一种轻松的学习氛围，不是为画而画，而是让孩子们感受到绘画是一种很有趣味的活动。因此，每一次绘画活动，我们都应给幼儿创设一个轻松愉悦的环境，使孩子自始至终沐浴着温暖快乐的气氛，重视他们在创作中的情感体验与态度倾向，这样才能促进幼儿心理健康发展，且达到活动的目的。

二、儿歌辅助，鼓励想象

儿歌中优美的旋律、和谐的节奏、真挚的情感可以给儿童以美的享受和情感熏陶。儿童听唱儿歌既可以联络与周围人的感情，也可以使他们的情感得到抒发，从而调节他们的情绪，使其得到愉悦。小班幼儿作画时爱念念有词，爱想象一种情景的特点，采用儿歌、绘画相结合的方法教学，可以实现语言与美术的情意互通，帮助幼儿更好地感受美、发现美、欣赏美，进而创造性地表现美。如在"线条开火车"中为了能够引导幼儿画线条，我和幼儿一起创编了儿歌《调皮的线条》。"直线宝宝是线条宝宝开火车时得走直线"，幼儿在画直线宝宝时从纸的这一边画到另一边哦，因为开火车有起点也有终点。画曲折线时引导小朋友观察曲折线像谁的牙齿，幼儿会说像大灰狼、鲨鱼的牙齿，结合幼儿的生活经验，于是我和幼儿进行了共同总结：曲折线像大鲨鱼的牙齿，画的时候要一上一下。在画弹簧线时请幼儿观察像什么线，幼儿很快就说出了是电话线，我便顺手示范画弹簧线，弹簧线啊很调皮，它呀跳一下还要抱抱就绕在了一起，引起幼儿哈哈大笑。在画螺旋线时，幼儿不约而同地说螺旋线是蜗牛的家，我边对螺旋线进行总结边示范画螺旋线，螺旋线绕啊绕啊，从中间找个点开始画一圈比一圈大。最后我还请幼儿一起组织了我自编的儿歌《调皮的线条》：直线宝宝开火车，能从纸的一边跑到另一边；曲折线宝宝真调皮，一上一下在跳舞；弹簧宝宝爱跳舞，跳起舞来抱一抱；螺旋线宝宝爱绕圈，一圈比一圈大。幼儿在自己组织的儿歌中很快掌握了线条的绘画技巧。由此可见，幼儿的美术语言情境创设是幼儿绘画教学中行之有效的方法，既培养了幼儿的注意力，又培养了他们的想象力和创造力。

三、情感体验，树立自信

教育家夏丏尊先生将教育与情感的关系比喻为池塘与水的关系。他指出，"教育没有情感，没有爱，如同池塘没有水一样，没有水，就不能成为池塘，没有爱就没有教育"。现代心理学研究也表明，积极健康的情感能使人思维活跃、敏捷、深刻、想象丰富，幼儿如果在愉悦的状态下参与到美术活动中来，将会最大限度地提高课堂效率，使教师的"教"事半功倍。因此，在美术教学的各个领域、环节中，情感因素直接影响和制约着美术的教与学。幼儿美德是由教师爱的关注与鼓励而形成的。由此可见情感教育的重要性。如：在绘画过程中幼儿遇到困难，我们还可以手把手地教他，并在教的过程中用眼神、轻抚等激励的方式告诉幼儿"画得不错"，让幼儿体会成功的喜悦，并增进对老师的情感，同时让幼儿由爱老师延伸到喜欢绘画活动。这样，幼儿会有一种爱的情感体验，从而激发他们绘画的兴趣，树立了自信心。

情感有时就像催化剂一样能将人的一切潜能调动起来。例如：自信心。自信心是指由积极自我评价引起的自我肯定并期望受到他人、集体和社会尊重的一种积极向上的情感倾向，是人们生长中不可缺少的一种重要心理品质。幼儿也不例外，尽管小班幼儿年龄小，性格单纯天真，但他们也有个性。要想让小班幼儿充分享受绘画活动中的情感体验，首先就要让幼儿在活动过程中有这样的体验和感受：不管自己会不会画，也不管自己画得好坏与否，我们都会在活动中倾注一腔爱心，给予自己亲切耐心的指导。在活动中，我经常发现，尤其是小班的孩子，不管你给多大的纸，有些幼儿总是把主题画得很小，或者画在纸的一角。尽管有些作品从技巧上看比较欠缺，但是这样的作品也有其独具魅力的地方。当你换一种角度去欣赏的时候，会发现：画面上的每一根线条、形状和色彩都传达了孩子的思想和情感。在绘画活动中，作为引导者、参与者的我们时刻要做有心人，善于发现幼儿细微的进步，并用鼓励的言语对他的进步表示肯定，让幼儿在小小的成功中逐步树立自信心。

四、多元评价，增强自信

首先，肯定幼儿作品进行评价。很多评价是老师以个人的意愿为主，自己决定作品的好坏优劣。而一幅儿童画，就是一个小心灵的探索，现实生活在孩子们的幼小心灵里留下许多美好的印象，形成他们独特的体验和感受，使他们获得了大人们所体验不到的生活情趣，他们的画也因此透露出一股天真烂漫的稚气。应多角度欣赏，发现每个孩子的闪光点。幼儿绘画的评价活动是幼儿园绘画活动的最后一个环节，它的目的是激发幼儿绘画的兴趣和积极性，使幼儿感受到自己的进步，发现自己的能力和才干，让幼儿体验到成功的快乐，从而促进幼儿的发展。要使幼儿感受成功的喜悦，就要用肯定的方式评价幼儿的绘画活动，多鼓励，多表扬，尽量减少否定和批评。

其次，注重幼儿的纵向评价，幼儿作品中会有构图、涂色、技能技巧等。小班幼儿的作品中避免不了幼儿随意乱画涂色，我们不应只看见眼前的作品结果，忽视幼儿绘画能力前后的差异，忽视幼儿绘画的发展和进步过程；不能只采取横向比较的方式，缺乏爱心、细心，不注意观察幼儿的微小进步，应对幼儿绘画能力发展作纵向评价。

最后，幼儿自主评价。虽然小班幼儿的年龄较小，但可以循序渐进地培养幼儿的审美能力，可以引导幼儿初步简单地判断画面的好看与否。美术活动结束时，我会请幼儿自主相互评价绘画作品，或者请个别幼儿展示自己的作品，请其他幼儿评价，幼儿就会大胆地说出自己的想法：我觉得好看，我觉得不好看。在孩子评价时我及时发现幼儿的不同特点，然后给予每一位幼儿以激励性的评价，充分挖掘绘画作品中成功的东西，给予积极的肯定，让幼儿有继续作画的愿望，使每位幼儿有成功的体验。

美术教学能促进幼儿成长，随着幼儿的成长，美术教育也在发展。希望我身边的每一个孩子在艺术的领域里自由地发挥，愿他们在美术天地里健康成长。

参考文献：

[1] 教育部基础教育司.《幼儿园教育指导纲要（试行）》解读[M]. 南京：江苏教育出版社，2002.
[2] 叶澜. 教育概论[M]. 北京：人民教育出版社，2006.

幼儿园常规大型活动方案设计策略

兰 蓉 绵阳市平武县龙安幼儿园

【摘　要】幼儿园每年都会迎来六一、运动会、毕业典礼等常规大型活动，我们应该怎样设计活动方案，才能既便于活动开展又充分体现活动的价值，并借助于活动平台让孩子们真正从中受益，得到快乐与发展呢？我们应该把握：将幼儿放在首位，有正确的活动理念；明确各类活动意义，有清晰的活动目标；满足幼儿兴趣，形式内容多样化；兼顾兴趣与发展，分层开展活动；减少无效等待，提高活动质量；充分利用资源，减少过多投入等几个要点。

【关键词】幼儿园　常规大型活动　方案设计

幼儿园每年都会迎来六一、运动会、迎新年、毕业典礼、家长开放日等常规大型活动的开展。这些活动有其特殊的意义和独特的价值，但事实上并不是任何活动设计都能体现这些活动的价值或能促进幼儿发展，甚至也不是所有的活动开展对幼儿都是有益的。例如，花费了教师和幼儿大量时间和精力的六一传统节目表演，忽视了孩子兴趣差异而将活动强加给他们，单一重复的训练不光打乱了幼儿园正常教学秩序，还让孩子们浮躁、厌倦，得不到快乐；又例如让孩子运动3分钟，坐着看一天的运动会，内容单一，幼儿参与少，对于孩子的发展极其有限；还有的活动形式与内容已渐渐固化，丧失了新意，不光幼儿连老师们去组织也没多大兴趣。

那么，我们应该如何去设计这些活动方案，才能既便于活动开展又充分体现活动的价值，并借助于活动平台让孩子们真正从中受益，得到快乐与发展呢？通过近几年来对自己所在幼儿园的常规大型活动进行改革、策划和组织，我认为要把握以下几点：

一、将幼儿放在首位，有正确的活动理念

没有正确的理念做导向，活动的目标就会走偏，或者为了活动而活

动,或者盲目追求社会效应,或者迎合家长而活动,就会少了从孩子的角度思考问题,忽略孩子的感受,从而导致活动形式化,看起来很热闹但内容空洞,活动变成了作秀,孩子在活动中得到发展的机会少,活动的价值得不到体现。

《幼儿园教育指导纲要(试行)》总则中明确指出:"幼儿园应为幼儿提供健康、丰富的生活和活动环境,满足他们多方面发展的需要,使他们度过快乐而有意义的童年。""应尊重幼儿身心发展的规律和学习特点,引导幼儿在生活和活动中生动、活泼、主动地学习。""应重视幼儿的个别差异,为每一个幼儿提供发挥潜能,并在已有水平上得到进一步发展的机会和条件。"

因此,将幼儿放在首位,注重幼儿差异,组织有意义的丰富的活动,让孩子们主动参与,快乐活动,获得可持续发展是国家遵循幼儿学习与发展规律对幼儿园活动的要求,也是幼儿园组织活动的宗旨与原则。

二、明确各类活动意义,有清晰的活动目标

每一个常规大型活动都有不同的意义和价值,所以在设计时,设计者应该明确各类活动的意义,有清晰的活动目标,再以此目标来确定活动形式和内容。

如:六一是孩子们的节日,是孩子们童年生活的美好记忆,如何让孩子们快乐而有意义地度过自己的节日、享受父母的陪伴是这个活动的主要目标。活动要趣味性强并尽量以亲子活动为主,可设计全园性亲子主题活动,也可以开展包含亲子活动的系列活动;运动会可以让幼儿体验运动和协作的快乐,在运动和竞争中智得到发展,首要目标就是运动参与和运动能力发展,要在有限的时间尽最大努力让幼儿参与多种活动,让多种运动能力得到体现与发展。活动设计可以是针对不同运动能力和技巧发展的多项运动,也可以是包含多种运动技巧、发展不同能力的大型运动游戏。毕业典礼是孩子们成长的见证,是他们人生一个阶段的结束以及另一阶段开始的标志,要凸显孩子们在幼儿园的成长与记忆,对小学生活的憧憬与对老师、幼儿园以及父母的感恩,可直接在典礼中设计多种环节展示这些内容,让典礼隆重有意义,也可以将这些内容分散进行,提前开展系列活动,典礼则简短些。而家长开放日是促进家园沟通协作，给家长提供了解幼儿在园情况和幼儿园教育的机会，活动内容要与孩子在园的日常活动相结合，并给家长实际参与操作的机会。

三、满足幼儿兴趣，形式内容多样化

兴趣是孩子学习和活动的最强动力，有了兴趣才有孩子的主动参与，才能在活动中得到快乐与发展。设计活动具体方案的时候，一定要考虑什么样的活动孩子会感兴趣，或者这样的活动怎样才能用孩子感兴趣的方式来进行，抓住幼儿兴趣点，形式与内容多样化，设置操作性、趣味性强，能满足不同幼儿兴趣的项目与内容。可设置适宜不同幼儿、种类丰富的系列活动，以满足幼儿不同兴趣，让孩子们有可以自主选择的余地和多种表现、参与的机会；也可每年设计不同的单一类别的活动，但一定是孩子们普遍感兴趣的活动，让孩子们快乐活动，在快乐活动中获得发展，而不是完成任务。

如，以"六一"活动设计为例：

（1）可设计操作性和趣味性强的单一亲子主题活动——亲子游戏体验、亲子美食大聚会、亲子趣味游园活动、亲子欢乐泼水活动或义卖活动等。

（2）可设计能满足不同兴趣需要的系列活动——包含亲子运动、游戏、表演、游园、创意搭建、手工制作等多项内容的快乐六一活动周系列活动。

四、兼顾兴趣与发展，分层开展活动

一个大型活动，面对的是幼儿园全体孩子，他们的年龄不一样，各方面发展水平参差不齐，设计活动时一定要照顾到这些因素，既有总体规划与主题，又有针对不同年龄层次的年级组活动或班级活动，有总有分有层次，兼顾幼儿兴趣与发展。如：在"美食大聚会"这个单一的大主题活动中，根据幼儿年龄层次和动手能力的不同，将美食制作环节分层进行，分别设计适合小、中、大班幼儿的操作内容——小班幼儿制作形状简单的汤圆、饼干等，中班幼儿制作有一定难度的花样馒头、水饺等，大班幼儿制作较为复杂的包子或抄手、创意水果拼盘等；而系列活动的分层设计则可根据系列活动的每一板块活动的具体情况，将需要分层进行的板块进行小中大班的拆分,设计适合年龄段特点的各类活动。

五、减少无效等待,提高活动质量

孩子们的注意力集中时间有限,除了非常感兴趣的有新鲜感的事物出现,一般来说,要让他们规规矩矩坐在座位上观看活动,孩子们是坐不住的。在很多大型表演活动或运动会观看比赛时,孩子们除了自己上台活动以外,其余的大部分时间都是处在思想游离、不耐烦地频繁身体动作等无效等待的状态中。要让活动发挥应有的价值,就要减少无效等待,提高活动质量,重视幼儿在活动中的过程与收获,使孩子们在活动中得到最大限度的发展。如:设计操作性、参与性强的内容,让孩子们在活动中始终有事可做,不做或少做旁观者;或者同时开展几个项目,在有限的时间尽最大努力让幼儿有更多参与,既减少无效等待,同时也可以提供给幼儿更多的锻炼和发展的机会;对于实在避免不了的观看活动,可将其进行拆分,变大为小,或整体缩短时间进行。

六、充分利用资源,减少过多投入

活动准备过程投入时间精力过多,会让参与者们感到疲倦并丧失激情,包括幼儿、老师和家长。比如花费了教师和幼儿大量时间和精力的节目表演就不可取,为了孩子台上的3分钟所谓的"精彩演出",老师和孩子都筋疲力尽,活动价值却不大,实在是得不偿失。不必要的财力物力投入过多,会增加家长和幼儿园负担。充分利用资源,组织有意义但准备相对较为简便的活动,既可以减轻老师和家长的压力与负担,也使活动便于开展,同时相对于一味追求活动观看效果,幼儿的大胆自信和参与才是重要的。

如:将幼儿园前期开展的特色活动进行集中展示;采用邀请幼儿家长参与、变班级活动为年级组甚至园级活动等方法,将幼儿感兴趣的日常活动变化方式进行;利用某一主题活动资源,延伸另一主题活动,变单一类别活动为系列活动等。

七、注重活动反思,为下一次活动提供参考

为了确定活动是否达到既定目标,在活动开展时教师应注意观察孩

子的反应和表现，还可以采访少数孩子，询问他们对活动的感受；设计活动反馈表，询问家长和教师对活动开展的感受、意见与建议，为下一次活动提供参考。

参考文献：

[1] 中华人民共和国教育部. 幼儿园教育指导纲要（试行）[Z]. 2001.
[2] 中华人民共和国教育部. 3—6岁儿童学习与发展指南[Z]. 2012.

依托课程设计利用本土资源促进幼儿动手能力发展

李莉莉 绵阳市梓潼县文昌第二幼儿园

【摘　要】本土资源的开发与利用有利于培养幼儿尊重和热爱本土文化的情感,有利于园本课程的开发,有利于促进教师的专业成长。文昌第二幼儿园地处文昌文化的发祥地——绵阳市梓潼县,文化底蕴深厚,地方特色浓郁,幼儿园在科学办园理念的指导下,制定了以挖掘本土资源促进幼儿动手能力发展为核心的目标,通过参观七曲山大庙、两弹城以及走近传统戏曲、特色食品加工坊等活动,无论是从微观的促进幼儿、教师发展层面还是从宏观的体现国家政策精神、推进幼教改革及传承传统文化等层面来看,幼儿园本土资源的开发利用都具有重要的教育价值和意义。

【关键词】本土资源　幼儿园　动手能力

儿童心理学、发生认识论的开创者皮亚杰认为"儿童的智慧源于操作,儿童是在对材料的操作、摆弄过程中建构自己的认知结构的"。苏联著名教育家苏霍姆林斯基也指出"儿童的智慧在他的手指尖上"。因此,培养幼儿动手能力就成了贯穿于幼儿教育活动的重要目标之一。

怎样使这一重要的教育目标更加贴近生活,不局限于基础教材的限制和束缚?通过团队的研讨和论证,我们认为对于幼儿园课程而言,越是贴近幼儿生活,越是感性的资源,就越有教育价值,重视幼儿园课程与儿童周围世界的联系,让课程变得对幼儿有意义,这将有利于他们建构真正属于自己的知识结构和能力。因此,我们决定对本土资源进行充分的开发与利用。一年来,我园充分挖掘本土资源中符合教育目标和价值的内容,在课程设计与开发方面进行了大量的尝试和探索。

一、本土资源类型

我们把梓潼县的本土资源分为文化资源、社会资源及自然资源三类。

文化资源包括有历史博物馆、中国两弹城、七曲山大庙等。社会资源包括地方戏曲，如马鸣阳戏、被单戏等；地方美食，如"梓潼三绝"、黎雅盐包蛋、许州凉粉等；民间艺术，如糖画、捏面人等。自然资源包括有稻草、石头、瓦片、玉米秆、麦秆等。

二、活动开发主要原则

充分挖掘本土文化资源、社会资源和自然资源，来进行幼儿活动开发，应该坚持以下原则：

1. 适应性原则

（1）选择适宜幼儿的兴趣、爱好、需要，对其成长有教育价值的资源进行活动开发与设计。

（2）要充分考虑幼儿的身心发展特点。

2. 活动性原则

选择有利于幼儿动手能力发展的资源进行活动的开发和利用。

3. 接受性原则

在活动的开发当中要充分考虑实施过程中幼儿的接受能力和教师的现有教学水平。

三、活动开发主要目标

1. 幼儿培养目标

充分培养幼儿动手能力的同时，帮助幼儿了解本土的地方文化、提高生活自理能力，促进幼儿"情、智、能"的和谐发展。

2. 教师专业发展目标

锻炼团队合作能力，引导"发现和挖掘身边教育资源"的课程设计的意识和能力。

四、活动开发实施路径

立足于本土资源，组建活动开发设计团队，通过对本土资源的筛选与分配，进行活动设计，共同研讨并形成活动实施方案，组织实施并做好观察记录,最后总结与反思,形成教学成果,并将其应用于教学实践。

五、本土资源的挖掘与应用

(一)本土文化资源

中国历史上素有"北有孔子,南有文昌"的说法。而我们的家乡——梓潼就是文昌帝君的故乡,是天下文昌宫祖庭之所在。作为文昌文化的发祥地,梓潼拥有独一无二的文化资源,这是我们作为梓潼人最为骄傲和自豪的人文情结。

如此得天独厚的文化资源,怎样落地?经过充分研讨,我们在课程设计上以文昌文化普及为重点,以文化墙制作将文昌文化与幼儿活动课程相结合,促进孩子手部精细动作的发展。

首先,组织孩子们到南山门参观梓潼县历史博物馆,观看以文昌文化和梓潼历史文化为主要内容的陈列展示,组织家长和孩子们一起关注海峡两岸文昌文化交流活动,欣赏非物质文化遗产展演。让孩子们更加直观、全面地了解文昌文化的主要内容,引导他们品味其中的精神内涵。然后,在对文昌文化有了一定认知的基础上,引导大家相互交流分享自己的见闻和感受。与孩子们一起制作文昌文化主题墙,主要内容包括利用废旧饮料瓶制作飞龙,用毛线、竹条制作火球,用彩泥制作面人等一系列手工活动。

其次,组织孩子参观"中国两弹城"。"中国两弹城"坐落于我县长卿山上,是中国工程部物理研究院的院部旧址,是两弹元勋——邓稼先曾工作过的地方,在这里科学家们研制出了氢弹和原子弹,在中国的军工历史上留下了重重的一笔。以前这里非常神秘,现在这里已经对外开放,是国家红色旅游基地、爱国主义教育基地。

活动前,讨论、设计,形成可行性活动方案,活动中和家长一起带领孩子们走进两弹城,近距离了解科学家们艰苦的生活但却异常积极的工作状态,参观两弹历程馆,了解"氢弹"和"原子弹"的来之不易,观看 4D 科技视频,了解科技小常识。参观完后引导孩子们自己动手制作简单的科技小玩具,如万花筒、沙漏、传声筒等,让孩子们在佩服科学家的同时,以自己动手操作的实际行动来了解身边的科技知识,体验探究过程,探究能力在活动中逐步形成。

通过此类活动，让孩子们进一步了解家乡传统文化的形象符号，将其融入幼儿园活动具有特殊的社会价值和个体价值，有利于幼儿及家长更好地传承传统文化，充分激发他们对家乡自豪感的生成。

（二）本土社会资源

1. 地方戏曲——马鸣阳戏

梓潼厚重的文昌文化催生、繁衍了大量璀璨的民间文化艺术，马鸣阳戏就是其中之一。如今看戏，很难看到戴着古老面具的演出了，但阳戏的独特之处正在于此。阳戏面具是集雕刻、绘画、工艺、装饰、造型于一身的杰作，是人类物质文化和精神文化相结合的产物。阳戏以当地方言为基础，以端公腔为基调，伴奏器乐主要是打击乐，道具则包括木偶和面具两个部分。

我们将阳戏引入到课程中，以阳戏的面具和打击乐器作为切入点，带领幼儿走近马鸣阳戏。从认识面具开始，我们找到了马鸣阳戏的第二代代表性传承人、今年64岁的张治满医生，他本人经常参加阳戏的演出，他给我们介绍阳戏的面具、服装道具及角色等，我们将其代表性作品带回，从而让孩子们更加深入地了解阳戏面具的色彩搭配和人物性格的关联，并结合川剧和京剧脸谱的特点在纸上、蛋糕盘上、石头上进行手工绘画，手工粘贴，制作胡须、毛球等戏曲用品。老师们还开动脑筋，将脸谱和拼图游戏相结合，让孩子们在游戏中完成戏曲脸谱的拼接，在认识戏曲脸谱的同时享受游戏带来的快乐。我们还组织小朋友自制打击乐器，如：用奶粉桶制作大鼓、用瓶盖和铁丝制作串铃、用易拉罐制作沙锤等。将高深的戏曲艺术简化、创新，大大提高了幼儿对传统民间艺术的兴趣，进一步增强幼儿对家乡文化艺术瑰宝的崇敬之情。

2. 特色食品制作

梓潼有很多驰名中外的土特产，其中"梓潼三绝"曾被"舌尖上的中国"多次报道。梓潼三绝是指：梓潼片粉、梓潼酥饼、梓潼镶碗。除此之外更有黎雅盐包蛋、许州凉粉特色食品，让人回味无穷。让孩子们了解家乡特产并亲自参与特色食品的制作过程，会带给他们无尽的自豪感，同时巩固手部精细动作的发展，让幼儿在游戏中学习，在交往中成长，在扮演中掌握基本技能。

首先，探寻特色食品正规制作工艺。先组织教师进入梓潼县酥饼厂的加工坊，详细观摩、了解酥饼制作的整个流程，学习制作中的主要动作，如搓、扯、包、揉、擀、切、团、压、撒等，再带领个别幼儿及家长参观酥饼厂，了解梓潼特色食品的加工及制作过程，回园后与幼儿一起组建我园的"梓潼酥饼加工坊"，并邀请专业的师傅来我园实地对幼儿进行指导、帮助。

其次，与幼儿实际情况相结合，对食品制作工艺进行有机整合。根据孩子的实际操作情况进行动作调整，去粗取精，保留精髓动作，掌握核心技能技巧。孩子们对自己动手制作食品很感兴趣，对他们来说，能亲手制作一样食品，是很骄傲、很自豪的事，这和买到的食品有天壤之别。现在大班的大多数孩子都能自己制作酥饼、玉米饼了，还能做出几种不同的味道呢，有椒盐味、蛋奶味、水果味等。

有的动作需要简化，有的却需要增加难度。在黎雅盐包蛋的活动区，我们制定的计划是发展幼儿剥蛋壳、切蛋、剥蒜、捣蒜、切葱、放各种调味品等动作的，但通过一段时间的活动后，我们发觉这些动作对孩子们来说太简单了，简单乏味的动作会让孩子们失去兴趣。于是老师们又去学习了盐蛋、包蛋的制作方法，并选取了废旧材料代替"蛋"，让幼儿试着制作，练习包、裹、团、拧、系等动作，增加了一定的难度，孩子们又积极地投入挑战了。

再次，在特色食品制作中，增强卫生、安全常识。食品卫生是人们一直关注的话题，自从特色小吃进入我园后，我们更加强了食品安全的管理和幼儿卫生习惯的养成教育。严把食品采购关、认真清洗各种器具并定期消毒，教育幼儿不留长指甲，操作前认真清洁双手、按要求着装，操作中遵守活动规则，不乱扔、不乱放，活动后，有序整理物品，清洁双手，并整理衣物。

3. 走进菜市场

我们还结合本地实际情况，开展社会实践活动——去菜市场，我们组织孩子走出去，去菜市场看一看，了解不同种类、不同形状、不同颜色的蔬菜，学着自己买菜，回家择菜、洗菜、切菜、炒菜、盛菜等等。通过这个活动培养孩子的社会适应能力，让孩子们更加热爱家务劳动，更加热爱生活，也通过这个活动进一步促进幼儿手部精细动作的发展，如择、洗、切、炒、拧、舀等等。

（三）本土自然资源

1. 利用空地和园内区角开展种养殖活动

利用幼儿园的种植区带领孩子们开展一系列活动，在春天教幼儿扯草、松土、播种、种植蔬菜、给小苗定期浇水、观察蔬菜的生长状况等，在秋天，收获的季节里组织幼儿摘黄瓜、拔莴笋、扯花生等，并将收获到的蔬菜和大家一起分享。孩子们吃着自己种的蔬菜别提有多开心了。

我们还充分利用幼儿园的水池，教幼儿利用竹筒、葫芦勺、木桶、竹筛子等用具舀水、漏水、泼水，玩打水仗、转水车的游戏，让孩子们在活动中观察水的流动、观察物体在水中的沉浮等等，从而掌握水的基本特性，锻炼幼儿手部的力量。

2. 走进田野山林，拥抱大自然

幼儿生性好奇好动，酷爱大自然，他们可以为了玩水、玩沙、捡石子、打雪仗而忘记吃饭。我们利用幼儿这一天性，鼓励孩子和大人一起在春天外出踏青、捡石头、玩泥巴，秋天一块到野外捡落叶，制作树叶粘贴画，冬天则收集稻草、麦秆、玉米棒子等，制作手工作品。充分利用大自然资源，培养幼儿的动手能力。古人的"童孙未解供耕织，也傍桑阴学种瓜"的诗句正是对儿童在接触大自然中一些活动的写照。

六、工作反思

我园以课程为载体，通过对本土化教育资源的开发和利用来构建与生成园本课程。我园也把这个探究方向作为教师专业化成长的重要抓手。在这个过程中，我们体验了太多教育思想的碰撞和教育智慧的激荡，幼儿动手实践能力以及创新能力的早期培养进一步强化。但也还存在一些值得我们深入思考和完善提高的环节。如，本土资源挖掘的深度还不够；资源课程化的形式还比较单一、内容还不够丰富；课程设计的整体性和系统性还需加强；思考的开放性不够，节日资源、社会活动资源的开发利用还有相当大的空间可以发挥等等。

当然，本土资源的开发和利用实际上是一个永久的课题，我们把它作为一个独立的课题研究的时间并不长，摆在面前的实际困难还很多。

但是我相信,只要在路上,就不怕路远;只要在路上,就能欣赏到沿途的风光;只要在路上,就会离目的地越来越近。

参考文献:

[1] 中华人民共和国教育部. 幼儿园教育指导纲要(试行)[Z]. 2001.
[2] 中华人民共和国教育部. 3—6岁儿童学习与发展指南[Z]. 2012.
[3] 王丽丽. 幼儿操作性学习研究[D]. 武汉:华中师范大学,2013.
[4] 陈佑清,李丽. 操作学习的发展价值及其局限性[J]. 教育科学研究(理论探索),2004(2).
[5] 林兰芳. 幼儿操作性学习的方式与教师的指导策略[J]. 教育学术月刊,2009(2).

幼儿园教师如何让自制体育器械"活"起来

田小琼　梓潼县东风幼儿园

【摘　要】一直以来各个幼儿园、各级教育主管部门都会要求教师自制体育器械,或者不定期地组织教师进行各类自制体育器械比赛,老师们也是开动脑筋,各显神通自制出了一批批内容丰富的体育器械。可是经观察发现,在幼儿园自制体育器械普遍使用率不高,过于追求精美而导致实用性不强,甚至有的器械用一次就坏,无法再次使用;部分自制体育器械,玩法单一,缺少可变性……那么我们该怎样做才能让这些老师们辛辛苦苦加班加点做出来的自制体育器械"活"起来呢?要让自制器械能用起来,要让自制器械能够被幼儿所喜欢,要让幼儿对自制器械有更深的情感,就要在自制体育器械投放上下功夫,就要在玩法上下功夫,创设新玩法让自制体育器械"活"起来。

【关键词】幼儿园　自制体育器械　"活"起来

　　丰富的体育器械是幼儿园教师开展体育活动的必备条件,它既可以激发幼儿参与活动的兴趣,又对发展幼儿的基本动作起着积极的作用。但如果让他们每天面对现成的器械,兴趣也会逐日渐弱。《幼儿园工作规程》中提出"幼儿园应因地制宜,就地取材,自制教具、玩具"。的确,自制体育器械有节约、实用、有趣、灵活、多变等多种功能,值得我们大力提倡和推广。自制体育器械既可为幼儿园节省经费,又能发挥教师的主动性、创造性,提高教师的业务技能,还能促进家园互动,丰富幼儿户外活动游戏材料。因此每年各个幼儿园、各级教育主管部门都会要求教师自制体育器械,或者组织教师进行各类教玩具制作比赛。老师们也是开动脑筋、各显神通制作出了一大批精美的教玩具,一些作品还获得了好的比赛名次。只是这些作品在比赛后使用的情况又是怎样的呢?尤其是自制体育器械是否得到充分的使用呢?如果没有我们该怎样用"活"这些老师们辛辛苦苦加班加点做出来的自制体育器械呢?

一、幼儿园自制体育器械的使用现状

一直以来各个幼儿园、各级教育主管部门都会要求教师自制体育器械，或者不定期地组织教师进行各类自制体育器械比赛，老师们也是开动脑筋、各显神通自制出了一批批内容丰富的体育器械。但经观察发现自制体育器械却普遍使用率不高，呈现出做的多、使用的很少的现象。

二、幼儿园自制体育器械使用存在的问题及原因分析

经观察发现，幼儿园自制体育器械使用现状不太理想，普遍存在自制体育器械使用率不高，过于追求精美而导致实用性不强，甚至有的器械用一次就坏，无法再次使用，部分自制体育器械，玩法单一，缺少可变性。

（一）制作无目的、随意性大，常常是为检查、比赛而制作，检查或比赛结束基本就将自制器械放一边，使用率不高

许多教师对自制体育器械的价值认识不够，只是忙于应付领导的检查，制作的体育器械并非自己在教学中真正所需要的教玩具。于是导致制作的多，而真正用得上的却很少，很多自制教玩具在检查比赛后就束之高阁了。再者，众多幼儿园的领导只注重对自制体育器械的开发，而未关注对自制体育器械的利用，导致对自制体育器械的玩法研究不多，教师带领幼儿玩的积极性也不高。

（二）过于追求精美而导致实用性不强，甚至有的器械用一次就坏，无法再次使用

在众多的自制体育器械中，真正实用、耐用的体育器械极少，这也是目前各园自制教玩具的通病，许多教师怕幼儿玩坏，就把这些自制的玩具高高摆起，变成了"看具"。而它们的利用价值远远不及教师所付出的心血、时间、精力，这就违背了最初我们制作体育器械的目的：充实体育教学活动的素材，增强幼儿与教师的创新环保意识，锻炼老师们的创新精神和动手能力。同时也大大增加了教师们的工作量。

（三）部分自制体育器械，玩法单一，缺少可变性

苏联教育家乌申斯基说过："最好的玩具是那些幼儿能够用各种方式

加以变更的玩具。"变形金刚、魔方大受孩子的欢迎就是这个道理。

三、如何让自制体育器械"活"起来

（一）要从为什么做上下功夫，让自制器械能用起来

在制作前要想清楚为什么要制作体育器械，是丰富户外体育区角？是为幼儿做早操？还是为某一次体育教学活动？还是单纯为参加县、市、省的比赛有一个好名次？

（二）要从做什么上下功夫，让自制器械能够被幼儿所喜欢

我们应根据每个年龄段幼儿体育教学目标，结合《3—6岁儿童学习与发展指南》幼儿评价标准，将幼儿的技能发展目标进行具体化，同时我们还应该结合教材内容中的需求，制定一份详细、完善的自制教玩具计划，使整个教玩具的制作有目标、有计划地实施。

在历届的制作比赛中常常出现"撞车""雷同"等现象，为避免这种现象各幼儿园应在制作前组织老师探讨本次制作的主要目的，根据目的确定要做哪些内容，最好再根据老师特长适当分下工，这样整个幼儿园做出来的器械就不会雷同，也更符合各年龄段幼儿兴趣特征，能得到不同年龄幼儿的喜欢。

（三）要从怎么做上下功夫，让幼儿对自制器械有更深的情感

本着自制器械安全性、科学性、创造性、趣味性及简便实用的原则，我们可以充分利用家长这块有利资源，通过大家一起来动脑动手，还可让幼儿参与制作过程，这样不但集思广益办法更多，还可以从制作过程中增进师生、亲子间的感情，促进家园联系。更能锻炼幼儿的动手能力，使幼儿在以后的活动中兴趣更高，有参与活动的高涨热情和积极性，还容易帮助培养幼儿爱护器械的良好情感。

（四）要在投放上下功夫，按预设目标有层次地投放材料，最好按以下原则来投放

1. 目的性原则

户外活动玩具材料的投放与使用应有目的、有计划，不能一成不变，

教师要根据近期目标，有选择地投放。

2. 季节性原则

玩具不同，功能也不同，活动内容也就不同。有的玩具玩起来活动量大，有的玩具活动量小。季节不同，活动量要求不同，投放的玩具相应也要不同。

3. 兴趣性原则

幼儿的兴趣高，活动的有效时间维持就长，因此，教师要根据玩具和场地的特点，将活动内容游戏化，增加情节、角色，相应提高幼儿的主动性、积极性。

4. 层次性原则

教师在投放玩具材料时，既要考虑共性，又要针对每个幼儿的水平、能力投放玩具。如平衡练习，投放的材料要有高有矮、有宽有窄。

（五）要在玩法上下功夫，创设新玩法让自制体育器械"活"起来

1. 一物多玩，尽玩具材料之用

在户外活动中，没有教师有意识的引导，即使一种多功能的玩具，幼儿也将很快对其失去兴趣，玩具的价值也就发挥不出来。为此，教师应该引导探索，让幼儿一物多玩。教师在教会了幼儿某一体育器材的基本玩法后，引导幼儿在自由玩的过程中发现这一器材的多种玩法，具体做法如下：

第一步：一人一物阶段，比如沙包、球、圈等。幼儿一人一个自主玩耍。

第二步：两人或多人使用一种材料的阶段，开始初步一物多玩。教师最初做必要的示范，如把多个筒连接成一条直线，开展让孩子们越过障碍的活动，并逐渐让他们模仿、学习、创造，变换筒的摆放方法。

第三步：榜样示范，幼儿在互相学习中创造出新的玩法。如当大部分孩子都在用筒摆成直线练习跳时，有的幼儿将筒摆成两排直线利用其练习走平衡木。教师立即请其他幼儿学习他的经验，并让全体幼儿思考还能怎么玩。得到老师鼓励的幼儿情绪很高，其他幼儿也会产生创造热情。

第四步：经验迁移，将沙包、球、呼啦圈、纸棒等材料，创造出丰富多样的玩法来。

在引导幼儿一物多玩的过程中，教师应积极地参与活动，并用语言、行为等多种方法保护与激励幼儿的创造性。首先，在丰富的、充满趣味的游戏中，发展了幼儿的走、跑、跳、钻、爬、攀等各种基本动作的能力和动作的协调性、灵活性。培养了幼儿参加体育活动的兴趣。其次，锻炼幼儿的心理机能，在有难度的活动中，鼓励幼儿尝试、探索、合作、共同闯关。锻炼他们坚持不懈的意志和毅力，培养幼儿大胆、自信、勇敢、敢于挑战的品质。再次，教师充分利用趣味体育区域活动的优势，打破班级、年龄界限，拓宽不同群体幼儿之间的交往，为幼儿提供人际交往的合作、协商、互助、谦让、交流的机会。最后，教师肯定幼儿在游戏中的再创造。幼儿利用现有的材料进行适合挑战性的游戏。大胆鼓励和肯定幼儿在游戏中的智慧，探索玩法，激发幼儿的创造力、想象力。

2. 资源共享、经验交流

一个老师或一个组都不可能一次就把所有类别的器械做完，所以资源共享是非常必要的。另外幼儿园应该建立一个长期计划，让老师们相互之间随时随地进行方法探讨、经验交流，玩转自制体育器械。

3. 开展混龄区户外活动，增加合作机会

开展大带小分区混龄幼儿户外体育活动能扩大幼儿的合作面，提高幼儿交往能力，我们尝试在开展混龄幼儿体育活动的基础上，进行指定范围内的分区混龄体育活动，为幼儿创设一个主动合作的群体环境，能培养幼儿的合作交往能力及良好的心理素质。在尝试中我们发现在有组织的大带小、大带中的混龄体育活动中，幼儿之间的交往从一对一交往，过渡到组对组的交往，在活动中孩子们既享受到了游戏的快乐，又体验到了交往合作的乐趣。

4. 与其他学科相整合，如：音乐、故事、创设情境等

比如我曾用废旧床单、窗帘做了一套教具，为了更多发挥它的用途，我在幼儿和我的头上贴上地鼠图片，让小朋友当小地鼠，我当地鼠妈妈带小地鼠到游乐园玩。通过四种不同难度的游戏（跳房子、钻隧道、投投乐、打地鼠）发展幼儿走、跑、跳、投掷、钻、爬、蹲等基本动作，以及幼儿敏捷的反应力，体验同伴间协作游戏的快乐。同时配以欢快的音乐。在整个活动过程中幼儿始终表现出愉快的情绪。幼儿努力挑战不

同难度的游戏。在锻炼的同时也培养了幼儿大胆、勇敢、自信的良好个性品质，即使是一些个性内向的孩子也很努力地学习着，并且在最后体验到了快乐成功感。在幼儿园的体育活动中，我们都知道重在培养幼儿的运动兴趣和运动能力，让孩子们在自主活动的基础上，积累运动经验。幼儿在愉悦的氛围中，进行了多种游戏活动，使幼儿在游戏中体验到成功的喜悦。整节课集娱乐性、趣味性于一体，使孩子们在富有创意地"玩"的过程中，体验到体育活动带来的乐趣。

5. 积极鼓励，让幼儿参与评价

《幼儿园教育指导纲要（试行）》指出：要"尊重幼儿在发展水平、能力、经验、学习方式等方面的个体差异，因人施教，努力使每一个幼儿都能获得满足和成功"。在活动中，我们应更多地承担"观察者"的角色，观察幼儿的行为、表现，倾听幼儿的想法、创意，欣赏、支持幼儿的探索、表达，对幼儿每一个创意都表现出倾听、微笑和接纳的态度，欣赏他们，注重他们自主能力、创造力的发展，鼓励他们积极大胆地表现自己的创意。活动评价时，我们要尊重幼儿的创造。同时，让幼儿积极地参与到评价活动中，鼓励他们把自己的玩法、自己的创造展示出来，为每个孩子提供表现的机会，让他们在成功的体验中得到发展，从而进一步激发他们对创造活动的乐趣。而且，还可让幼儿在评价活动中互相观赏，互相评价，互相启发，互相享乐，在交流中激发灵感，产生新的创造。

总之，教师要做一个爱学习肯钻研的有心人，在平时的工作中要多观察幼儿，了解幼儿使用自制体育器械的情况，同时多与同事交流探讨，及时调整组织策略，让自制体育器械活起来。

参考文献：

[1] 薛春霞. 创设并利用环境 提高户外活动质量[J]. 学前教育，1998（3）.

[2] 许娟. 幼儿园自制体育器械投放的有效性研究[J]. 新课程学习·下旬，2014（2）.

对区域游戏有效开展的思考

徐秀华　绵阳市三台县第一幼儿园

【摘　要】区角活动,是指教师根据教育目标和幼儿发展水平,有目的、有计划地投放各种材料,创设活动环境,让幼儿在宽松和谐的环境中按照自己的意愿和能力,自主地选择学习内容和活动伙伴,主动地进行操作、探索和交往的活动。

区角游戏是幼儿在游戏区(或称活动角、活动区)中所进行的某种特定活动。区角游戏的区域包括角色游戏区、积木区、玩沙玩水区、语言图书阅读区、音乐表演游戏区、美工区、科学发现区、自然角、益智区、操作区。

【关键词】区域游戏　自主学习　教师指导

美国教育家约翰·杜威曾经指出:"在教育上,人格比学科重要。知识并不是目标,只有个人的自我实现才是目标。"虽然杜威的言论有实用主义哲学的个人中心倾向,但他对人自身价值的强调却是有积极意义的。自主探究学习是幼儿获得经验、发展思维、提高能力的主要方式,而激发幼儿探究兴趣是培养幼儿自主探究学习的前提。可见,幼儿探究兴趣的培养比幼儿获得知识的多少更为重要。探究兴趣的培养首先就是要培养幼儿对区角游戏的兴趣,那样才能保证区角游戏的长期性。我认为可以从以下几个方面进行尝试:

一、区域活动的开展,为幼儿的发展提供了有利条件

《幼儿园教育指导纲要(试行)》指出:"幼儿园应为幼儿提供健康、丰富的生活和活动环境,满足幼儿多方面发展的需要,使他们在快乐的童年中获得有益于身心发展的经验。"如今,主题活动已成为幼儿园教学活动的主要形式,而区角游戏是幼儿园教育教学活动中的重要组成部分,它贯穿于幼儿园一日生活的各个环节当中。

（一）区域活动的开展，为孩子交往提供了良好的心理环境

区域活动的设置是自由的、开放的，孩子可以根据自己的喜好选择相应的区角进行活动，丰富的环境为孩子提供了求知、交往、合作的机会，使孩子的探索欲得到满足。在美食房这个区域中，孩子们可以通过商讨和自己的意愿选择角色，在扮演角色的过程中体验快乐和满足，表达自己的情感。在没有任何约束和负担的情况下孩子们自由交往，还可以进行自我调节需求，他们一会儿做老板，为客人烤烧烤，一会儿做客人吃烧烤，高兴时还可以和同伴一起喝茶，孩子在自由、温馨的环境中尽情活动，游戏的积极性越来越高，也就越投入。

（二）区域活动为孩子提供了协商、合作的机会

现在的独生子女都是家里的掌上明珠，在家里说一不二，都是以"自我为中心"的，所以孩子进行与人协商、合作教育十分重要。在幼儿园的集体教育中，教师虽然比较注重对孩子这方面的培养，但针对性不强，而区域活动的特殊性恰恰弥补了集体教育的不足。如，在加菲猫医院角色游戏中，有三个孩子都想当医生，可是医生只能有两个，怎么办呢？孩子们只好自己商量，或者改变角色，当来就诊的患者等；或者采用轮流的方法解决矛盾。在这个过程中，孩子学会了等待，学会了合作，学会了相互协调。

（三）区域活动有利于孩子社会性的培养，为孩子适应社会提供了良好的学习环境

孩子们在区域活动中扮演着各种角色，孩子们在反映社会生活的同时，也反映了人与人之间的关系。他们通过不同角色的扮演，学习不同角色的交往方式，想象表现并体会不同的情感。在照顾孩子时，想象表现并体验父母对孩子的呵护；做医生时，细心照顾病人；做服务员时，礼貌接待客人，学习做菜打扫卫生等等。在这些区角活动中角色扮演无形中使孩子增强了自我意识和群体意识。所以说，区域活动在一定程度上为孩子将来参与社会独立活动奠定了基础。通过观察、发现，区域活动的开展能有效促进孩子良好个性的发展，孩子通过互相交往，互相合作，共同商讨，提高了孩子处理问题、解决问题的能力，同时还有效促进了孩子良好个性的发展。

二、游戏区域的划分与材料投放

区域游戏是幼儿一种重要的自主活动形式，它又可称为区域活动或者区角活动。在游戏中教师根据教育活动目标以及幼儿的发展水平，划分一些区域，有目的、有计划地投放各种材料，创设活动环境，幼儿可以根据自己的意愿、能力和爱好，自主的选择活动时间、内容、材料等，主动地进行操作、探索和交往，从而促进幼儿个性化发展。

区域游戏是幼儿一日生活的一部分，也是幼儿非常喜爱的游戏活动，通过幼儿自主选择，促使幼儿身心得到满足。但是在区域游戏中我也发现了很多问题，比如，材料如何投放才能满足发展水平不一的幼儿，如何让幼儿的规则意识更加明确，如何让幼儿在区域游戏中更好地发展他们的语言表达能力、相互交往能力和合作能力？这些都是我们应该思考的问题。在开展区域游戏的时，我发现我们班的幼儿在玩区域游戏时存在的问题，大部分都是因为区域材料的投放不当导致。

三、教师对区域游戏开展有效的指导

区域游戏是教师根据幼儿发展需要，有目的、有计划地投放各种材料，创造活动环境，让幼儿在宽松和谐的气氛中，按自己的能力和意愿，自主地选择学习内容和活动伙伴，主动地进行探索与交往的活动。在游戏中，在教师的正确引导下幼儿能发挥主动性、积极性、创造性。

（一）区域活动中，合理投放材料，促进幼儿主动参与

区域活动中，材料是幼儿活动的对象。与幼儿的年龄特点、经验、能力和需要相适应的材料，能激起幼儿对学习的主动性，使他们在没有压力的环境中主动游戏，发现问题，思考、解决问题。在区域活动中，合理投放活动区材料，会提高幼儿参与积极性。

1. 根据幼儿兴趣投放材料

在投放材料时，应考虑材料与活动目标的关系，做到有的放矢，加强材料投放的针对性、目的性和科学性，并依据对幼儿活动的观察，进行定期不定期的更换与补充，这是保证孩子对活动产生兴趣的关键。

如大班的角色游戏区有一个"火辣辣的烧烤"，我们提供了形状、颜色相似的食物（如藕片、虾、鱼、饼子等等），同时提供串烧烤的吸管、

颜色各异的无纺布、剪刀、笔,幼儿可以用无纺布剪出形状、大小各异的"烤串",也可以沿线剪出虾、鱼、饼子等,还可以用吸管串出一串一串的烤串。其中,制作"穿烧烤"相对简单,"烤串"的生产则需要幼儿在剪食物时有较强的手部控制力。制作"烤串"显然对幼儿的动作精细度提出了更高的要求。这种层次性设计让幼儿可根据自己使用剪刀的精准程度选择相应的材料进行操作,每个幼儿都能在操作中得到提高,感受成功。随着剪烤串精准程度的提高,大部分幼儿已不再满足于制作简单、不规则的"食物"了。时间长了,幼儿对烤串渐渐失去了兴趣,参加"火辣辣的烧烤"的幼儿越来越少了。一天,教师请大家去吃烧烤,在孩子们好奇的目光中,教师同幼儿交流,帮助幼儿认识烧烤店的各角色及工作,并增添了围裙、厨师帽、烧烤架,布置出了烧烤店,请幼儿选择自己喜欢的角色游戏,有做老板的,有做服务员的,有做客人的。于是,"火辣辣的烧烤"店又热闹起来,孩子们纷纷参与到游戏中。他们不约而同地用上了教师提供的新材料,把剪好的"烤串"一根一根地串起来。他们还发现,在烤烧烤时可以放些辣椒粉、葱花,再刷点油。而如何了解"顾客"的需要,这就需要"服务员"去与顾客交流,去了解,也是一种新的挑战。教师适时添加游戏的层次重新激起了幼儿的探索兴趣,为幼儿提升经验和口语表达创造了新的契机。

2. 提供层次性与多样性的活动材料,满足不同幼儿发展需要

众所周知,每个幼儿都存在着个体差异,我们要善于发现幼儿在不同领域的差异性,使每一个幼儿都能在适宜的环境中获得发展。如:我们在种植角中创设了"种子发芽的生长过程"的内容。部分幼儿生活在城市,没有亲眼见过种子是怎么发芽的。因此,我们在种植角种了花生、黄豆,请幼儿共同了解植物的生长过程。

3. 巧用废旧物品

如老师或幼儿带来家中的发箍、太阳帽投放到"七色花剧场";方便面碗种上葱、蒜;小朋友把以前穿过的小衣服、小裙子带来,变成了"换装舞会";家长积极地参与丰富了区域活动,他们的环保意识也为幼儿树立了良好的榜样。

(二)教师对区域游戏有效开展的指导

区角活动充分提供给幼儿自主探索、发现问题和解决问题的机会,

也提供给幼儿实践的机会，所以我们教师切不可操之过急，而应耐心等待，让幼儿获得充分的体验。幼儿在做游戏时，教师是很好的观察者，在发现问题时，教师又扮演引导者的角色。如一次"七色花剧场"游戏时，我发现我们班有个小朋友在化妆，她化的妆一看叫人狂笑不已，红红的大嘴巴、红嘟嘟的腮红、多色的眼影，我在一旁看得捧腹大笑，真想过去帮助她，但我还是忍住了。在区角游戏时，教师要给幼儿充分的操作探索时间，不要急于直接指导，尽可能让孩子独立、主动开展游戏，多放手、多鼓励、少包办。让幼儿在探索中体验成功和失败，让他们有机会自己纠正，培养他们审美意识，提高他们的探索能力。且每次活动中，教师还要做个赏识者。孩子们一个小的发现、一件小的作品，教师都应加以肯定，教师尽量能把幼儿的所有"成果"展示出来。

总之，教师应该仔细观察，及时了解幼儿当前的兴趣和需要以及他们在活动过程中遇到的困难，把握幼儿在认知水平、情感态度方面的个体差异，分析其最近发展区并据此设计活动。材料投放后，教师要观察幼儿的使用情况，反思材料中蕴含的能力要求是否与幼儿的发展水平相适应，并据此对材料进行调整。幼儿对区域活动的兴趣是逐渐提高的，如果兴趣维持得好，那技能也就提高了。只要有了兴趣和技能，孩子们就会很快乐地玩，并且能创造出许许多多妙趣横生的玩法，这样使他们的想象力更加丰富，创造力更加结实，孩子的知识经验也就越来越丰富。

参考文献：

[1] 教育部基础教育司.《幼儿园教育指导纲要（试行）》解读[M]. 南京：江苏教育出版社，2002.

[2] 华爱华. 幼儿游戏理论[M]. 上海：上海教育出版社，1998.

好老师与"小老师"

潘 渔　岳池县幼儿园

【摘　要】 在晨间接待的环节中,我时常听到家长反映,回到家之后,问孩子在幼儿园里学到了什么,孩子说不出来。只有等到家长开放日的时候,才发现孩子其实学会了这么多的本领。为了让家长更好地了解孩子在园学习的内容,我们利用家园联系栏向家长做了公开,请家长回家引导孩子,可效果并不是很好。为了提高孩子的积极主动性,我尝试了许多新的方法。让孩子们在课堂上、活动中做小老师,回到家做小老师。《3—6岁儿童学习与发展指南》中提出4~5岁幼儿已经有了集体意识,并能参加集体活动。本文由此为切入点,展开对幼儿园中班孩子做小老师的意义的思考。

【关键词】 小老师　意识　能力　培养　应用

一、培养孩子"小老师"意识

到了中班,孩子们长大了一些,各方面能力也提高了很多,很多时候,一些力所能及的事情,我会尝试着请小朋友来做。比如发图书、放杯子、整理玩具等等。也许他们完成的效果不那么好,但最重要的是让他们产生一种自我服务意识,一种有担当的意识。

(一)给每个孩子平等的机会

一般来说,我会习惯性地请几个能干、机灵的孩子来当小帮手。他们能迅速反应并理解我的意思,较好地完成任务。有时候这一两个得力的助手缺勤了,我还真不习惯。有一次,磊磊这个小助手没有来上幼儿园,于是我就问其他小朋友,有没有愿意来当"小老师"的,结果很多孩子都举了手,尤其是平时爱调皮捣蛋的橙橙举得最高。我问:你能做好"小老师"吗?橙橙很恳切地点了点头。我被那可爱的模样逗乐了,不忍心拒绝,于是说:好,今天我们就请橙橙小朋友来当"小老师",大家跟着"小老师"一起表演念儿歌。我把这位孩子请到台子上，他略带羞涩地笑了笑，结果出乎所有人的意料。橙橙骄傲地带着孩子们念起了儿歌，声音又大又亮。自从这件事情后，我改变了以往的想法，尽可能地给每个孩子更多当"小老师"的机会。

（二）明确"小老师"职责

在教学过程中，我会给孩子们讲解怎样表现才能做"小老师"，又应该如何做好一名"小老师"。"小老师"也有"小老师"的规则，比如，不睡懒觉，自己吃饭，游戏活动积极参与，表演活动大胆活跃，主动帮助其他小朋友等等。总之，表现好的孩子才可以做"小老师"。那么，做了"小老师"，不仅要管好自己，用自己的行为给大家做榜样，还要去规范其他孩子的行为。一段时间之后，我发现有些平常不太能约束自己行为的孩子，在做"小老师"之后就表现得不一样了，不仅能规范自己的行为，还能对别的孩子不规范的行为进行指正，看到没有遵守规则的孩子，立马跑上去说，"掉到地上的玩具要捡起来，不然下次就不请你玩玩具了"。一本正经的样子，真的很可爱。渐渐地，不仅大家的规则意识建立起来了，孩子们的自控能力也得到了锻炼。

（三）广泛开展活动，发挥"小老师"作用

在孩子们明确"小老师"的职责以后，就要把这些职责融入到大量的活动中去，让孩子们在活动中感知、体会，从而使"小老师"的能力得到提高。

1. 在园活动

为了提高孩子们的积极性，我经常让孩子们在集教活动、游戏活动中争做小老师。带领孩子们唱歌、跳舞、领操、做运动、念儿歌、做游戏，还有一些常规活动，比如请"小老师"去发饼干，去监督其他孩子排队等等。

2. 家园共育

在晨间接待的环节中，我时常听到家长反映，回到家之后，问孩子在幼儿园里学到了什么，孩子说不出来。只有等到家长开放日的时候，才发现孩子其实学会了这么多的本领。为了让家长更好地了解孩子在园学习的内容，我们利用家园联系栏向家长做了公开，请家长回家引导孩子，可效果并不是很好。于是，我们不仅让孩子在幼儿园里做"小老师"，也鼓励他们回家做家长的"小老师"。比比谁当"小老师"当得好。这样他们能很自然地把自己学到的东西清晰地表达出来，"小老师"的作用发挥出来了，语言表达能力也提高了。好多家长美滋滋地告诉我，孩子在家给我们当"小老师"，教我们学唱歌、念古诗等等。我听了家长们的反映，心里很高兴，这个办法还真管用，可谓是立竿见影了。

二、培养孩子"小老师"的能力

孩子从小班过渡到中班，生活自理能力、语言表达能力以及团结协作能力都有所发展，却不够强，这时就要发挥"小老师"的作用。

1. 运用"小老师"提高孩子生活自理能力

我在孩子们午睡时发现，每次老师提醒他们要把鞋子摆整齐，他们就当没听到，可是当有一个小朋友摆好鞋子并大声地向老师报告后，其他孩子就相继把鞋子摆好了。于是，我就请一位做得比较好的孩子做"小老师"，请他监督、指正孩子们自己穿脱衣服、鞋子等。通过一段时间观察，孩子们的生活自理能力在很大程度上有了提高。

2. 运用"小老师"培养孩子语言表达能力

中班的孩子，语言能力迅速发展，孩子们很爱交谈，都愿意在集体面前表达自己的想法，但是语言组织能力不太好。所以，我就抓住孩子们爱说这一特点，每天开展晨间谈话，每周举办一次"演讲比赛"，请孩子们说出自己想说的，增强自信心，从而提高语言表达能力。

3. 运动"小老师"培养孩子团结协作能力

孩子的发展是参差不齐的，因此在每次教学活动中，我都很注重让孩子们互相讨论，这样思维的火花在交流中碰撞，在碰撞中达成共识。此时，那些能力强的孩子就有了很好的表现机会。例如，我会请一些讲故事比较好的孩子做"小老师"，引导其他不太会的孩子一起。那些"小老师"们自豪地、绘声绘色地讲述，给其他孩子又一次学习的机会。在这样宽松和谐的氛围中，孩子们感受到了合作的快乐，个性也得到不同程度的发展。

三、完善"小老师"的应用

到了中班下学期,孩子们对"小老师"的职责有了明确的认识,"小老师"的作用也在孩子们的心里留下了深刻的印象。孩子们的年龄又大了一些,于是,老师对"小老师"的要求也不一样了。

1. 让孩子养成良好的如厕习惯

这个阶段的孩子还存在尿湿裤子的情况,还有就是上厕所不排队。有的还喜欢捣蛋,故意尿到别人的鞋子上。所以,每次上厕所,就请"小老师"拿着"自觉排队"的标语,监督小朋友排队如厕,对做得不好的给予警告。这样下去,孩子们便会较快地养成上厕所自觉排队的好习惯。

2. 让孩子养成良好的进餐习惯

我发现当孩子在进餐的时候,总是有把饭洒在桌子上的现象。于是,每次吃饭的时候,我就会选一名幼儿做"小老师",一是监督孩子们不要将饭洒在桌子上,二是每次孩子们吃完饭,"小老师"就负责打扫清洁。每个孩子轮流来做,这样,不仅培养了孩子的自我服务意识,也培养了节约粮食和讲卫生的意识。

3. 让孩子建立规则意识

孩子每天在玩户外游戏或者区角活动的时候,难免都会有争抢、打闹和不遵守规则的情况出现,这时,我就会在每一组或者每个区域活动中设置一名"小老师"来维持游戏的秩序。孩子们在玩耍中感知做事要遵守规则。

孩子中的"小老师"是孩子随时可以请教的"老师",是老师的得力助手。"小老师"的灵活运用,可以提高幼儿自我服务、自我管理和适应幼儿园集体生活的能力。这不仅培养了孩子多方面的能力,还增强了孩子的自信心。让我们结合《3—6岁儿童学习与发展指南》的精神,合理运用培养"小老师"的方法,充分发挥小老师的作用,为孩子的长远发展打下坚实的根基。

参考文献

[1] 王新洁. 幼儿在园常规行为与其同伴接纳的相关性研究[D]. 北京:

北京师范大学，2011.

[2] 梁欣洁. 幼儿合作行为的发展与培养研究[D]. 武汉：华中师范大学，2013.

[3] 朱同秀."小老师"在幼儿园中班活动中的作用[J]. 学园，2013（26）.

[4] 段社玲. 发挥"小老师"的作用，增强学生的合作意识——用新课程标准的眼光看待"小老师"[J]. 读写算（教师版）：素质教育论坛，2014（33）.

[5] 孙永霞. 幼儿园"小老师"现象初探[J]. 幼儿教育期刊，2007（Z1）.

[6] 姚敏. 小帮手现象探析[D]. 南京：南京师范大学，2005.

[7] 黄敏娟. 幼儿园里的幼儿参与——从理想的幼儿参与到幼儿经验的参与[D]. 成都：四川师范大学，2010.

[8] 张淑霞. 谈"小老师"角色在中大班班级管理中的作用[J]. 宁波教育学院学报，2010，12（3）.

[9] 沈兰兰. 班级小老师角色的安排应用艺术[J]. 新教育，2014（14）.

[10] 冯佳莹. 家园合作培养幼儿良好的行为习惯[J]. 教育学院论坛，2013（37）.

[11] 赵敏. 幼儿园中的"小领导"——班级社会现象的探析[J]. 毕节学院学报，2009（5）.

浅谈幼儿良好情绪的培养

刘 艳 盐亭县云溪幼儿园

【摘 要】 幼儿的情绪在任何一个环境、活动中都有无数次的变化。在家里，爸爸妈妈有时候会拿孩子的情绪束手无策，在幼儿园，孩子的情绪非常容易受同伴的影响。如何培养孩子的良好情绪？我认为，第一要对幼儿发出目标明确的指令；第二要注重惩罚的方式与时间的长短；第三对于孩子在游戏中的良好表现给予及时的评价；第四让成人良好的情绪感染幼儿。

【关键词】 良好情绪 评价

在幼儿园工作的时间里，我在严格执行《3—6岁儿童学习与发展指南》要求的同时，也在实践中有了一些经验和感悟。从孩子入园开始，托班幼儿刚刚离开父母，情绪是很焦虑的，没有安全感，随着孩子一天天成长，他们的所需也会随着社会环境的影响而不断变化。当幼儿成长到三岁的时候，这一阶段的自立就多是由于孩子的任性所表现出来的。在这一时期的宝宝就需要学会控制自己的情绪。那么处在这一阶段的幼儿父母要如何帮助宝宝学会控制情绪呢？下面就分享一下适合3~4岁幼儿的教育方法，供大家互相学习。

一、明确目标指令孩子去做一些事情

指令孩子做力所能及的事情，是每位家长都会面临的事情。因为孩子的年龄小，注意力集中的时间较短，对于父母、老师的指令总是不能自始至终的完成。但是作为父母、老师，不要由于孩子没有坚持完成这个事情就盲目责怪孩子，而要对孩子所付出的每一个努力，取得的每一个成绩，都要表现出肯定与赞赏。来自爸爸妈妈和老师的赞赏会促进孩子更好地完成任务。当然，给予孩子的任务是孩子力所能及的事，不可以把孩子的水平估计过高，要遵循3~4岁孩子的年龄特点和体能发展水平，同时要注重孩子当天的身体健康状况，注意观察幼儿完成任务的能力水平，来做好下一阶段幼儿的指令任务。

二、有效地惩罚孩子，惩罚的时间要短

三岁的幼儿，由于发展水平不同，在完成任务时会有不同的效果，完成的速度也是有差别的。对于未能完成任务的幼儿，可以适当地进行惩罚，但是惩罚要有度，这个"度"，需要家长和老师好好把握。不可以对孩子大吼大叫，不可以打击孩子的自信心，不可以时间过长，要实行有效的惩罚。惩罚结束后还要想办法让孩子的注意力转移到其他的事情上面。不要让孩子还在不良的情绪中参加活动，迅速转移孩子的注意目标，将孩子带到愉快轻松、自由愉悦的环境中，培养孩子的情绪自我修复能力。

三、及时有效地对孩子的良好情绪进行评价

三岁孩子能够主动参与、积极活动，这是一种良好的情绪。对活动感兴趣，能和同伴谈论、交流，同时能进行一些协作、合作，同样是一种良好情绪的表现。在完成任务的时候，有成就感，有自信心，能够展示自己的成果，同样也是良好情绪的一种表现。所以在活动中，对于孩子表现出来的积极主动、乐观参与、同心协力，不管是家长还是老师都应该给予及时有效的评价或者表扬，以此培养孩子的自信心和语言交际能力。

四、通过游戏的方式来示范良好的行为举止

比如在开饭前要让孩子做好饭前的准备工作，洗手摆放好自己的小餐具，洗好后的小手不乱摸东西等着开饭等。还有就是，四岁宝宝的典型性是对于游戏会更加地关注。当孩子玩得正有劲的时候，想让他们放下或是停止就会变得格外困难。因为四岁宝宝的自主意识已经很强了，他们明白自己想要什么，所以如果家长强行制止就会造成孩子强烈的抱怨。有时孩子想要满足自己某一需求时，还会用隐瞒事实的真相来达到自己的目标，但是他们并不知道这是错误的行为。

由此看来，对于这一时期幼儿的教育，父母要尽量配合孩子，让孩子明白自己的需求要与他人的达到平衡。可以这样做：其一，就是给予

宝宝充足的时间去玩游戏，等游戏结束后再去做其他的事情；其二，就是这一时期宝宝的哭闹往往都是带有目的性的，在孩子哭闹时不要过于关注，也不要有明显不同于往常的反应；其三，就是对于孩子的谎言和欺骗行为要冷静地对待，因为这个年龄的孩子有这种行为是正常的现象。

当然，从孩子四岁起时教育就可以适当地严格一点，因为孩子在四岁前还不了解这个社会的规则与行为后果之间的联系。对于孩子违规的行为，父母的处置就要做到言行一致，不要光口头上说要如何如何，却从来都不落实到真正的行动上，对于孩子父母要做到言出必行。

参考文献：

[1] 孙永霞. 幼儿园"小老师"现象初探[J]. 幼儿教育，2007（7）.
[2] 姚敏. 小帮手现象探析[D]. 南京：南京师范大学，2005.
[3] 黄敏娟. 幼儿园里的幼儿参与——从理想的幼儿参与到幼儿经验的参与[D]. 成都：四川师范大学，2010.
[4] 张淑霞. 谈"小老师"角色在中大班班级管理中的作用[J]. 宁波教育学院学报，2010，12（3）.

美术活动对留守儿童想象力的培养

刘志莉　岳池县示范幼儿园

【摘　要】留守幼儿在美术中表现出来的想象力没有其他幼儿的想象力丰富。在美术活动中，留守幼儿胆怯、害羞等影响了他们在语言方面的表达。可以利用绘画活动，引导他们大胆地表达他们心中的想法和对亲情的渴望。

【关键词】留守幼儿　想象力　美术活动

随着我国经济的发展，有劳动能力的人员外出务工不断增加，在家务农人员越来越少，留守幼儿越来越多，留守幼儿的教育问题就成了当今教育界和社会普遍关注的问题。留守幼儿的教育是广大教育工作者的棘手问题，我国留守儿童有 7000 万人口，0~5 岁幼儿所占的比例为 30.46%。（新华网 2008 年）幼儿教育工作者必须正视留守幼儿的问题，在美术活动中，可以利用图画和符号弥补他们语言表达不足的缺陷，在美术活动中引导他们大胆表达他们心中的想法和对亲情的渴望，培养幼儿的想象力。

一、关注留守幼儿的家庭，改变监护人的思想

在留守家庭中，家长往往疏忽孩子的教育，他们忙于工作，忙于家务，忽略了孩子想象力的培养，还往往给幼儿套上说谎的帽子，抹杀了孩子大胆的想法，让幼儿生活在消极、低落的情绪中，得不到正确的疏导。我们老师应当给予监护人正确的引导，让他们了解孩子的想象力往往是具有夸大性和与现实混淆的，不应该给孩子过多的指责，应当帮助他们正确理解幼儿想象力的发展，给予孩子适当的表扬和鼓励，积极给予正确的疏导。例如一次美术活动，我们在绘画春天的时候，很多留守幼儿画出了春天的景色，有树、有花、有蝴蝶、有风筝，显得普通，缺乏创造和想象力。但是有一个幼儿，他母亲以前是教师，父亲在某单位

里工作，他父母经常给予幼儿想象力指导和疏导，该幼儿想象出春天的播种的季节，他画出了一个飞机，上面画了一些点。当时我以为是孩子画的春雨，后来听孩子解释是，这个飞机是播种的飞机，这些是从飞机上面撒下来的种子，春天是播种的季节。我当时听了很感动，觉得孩子的想象力没有被束缚，超出了我们大人的固定思维。鼓励幼儿大胆想象，既可以让幼儿的想象力得到肯定，又可以让幼儿感到自信。这样做有利于孩子的想象力不被束缚，让他们自由发挥。所以，留守幼儿监护人的态度直接决定了留守幼儿的想象力是否得到充分的发挥，改变监护人的思想往往可以改变一个孩子的性格，从而培养一个富有想象力的幼儿。

二、倾听留守幼儿的表达，培养他们的自信心

留守幼儿的性格较孤僻，不合群，往往觉得自己处于一个低落、不被理解的过程中。我发现许多留守幼儿想表现的欲望非常强烈，但是因为没有自信心而害怕在人前表现的现象非常严重。幼儿是充满好奇的，他们灵活的思维让我惊叹。从他们的语言中，我能捕捉到留守幼儿的生活信息，留守幼儿对生活的向往，留守幼儿在美术活动中的心理表现。我们班有一个留守幼儿特别喜欢粉色，一天她画青蛙和河水的时候，把整个画面都涂上了粉色，大家都知道这是脱离了生活实际的信息，当时我问了她，为什么你的青蛙是粉色的。幼儿说，青蛙穿上了粉色的衣服，所以变成了粉色的。接着我又问了孩子，为什么河水也变成了粉色的，她说因为青蛙喜欢粉色。从这个故事中我发现其实没有那么多为什么，就是孩子把青蛙想象成人一样穿上衣服，而且还是自己喜欢的颜色，生活在喜欢的颜色的水里面。从孩子的语言中可以了解到孩子的想象力是无限的，所以当我们在不理解孩子绘画作品的时候，可以蹲下来和孩子交流一下，了解幼儿的想法，倾听他们的语言。也许这样你就会发现，其实孩子并不是乱涂乱画，他们只是在超越生活的实际基础上给他们的作品填上了童话的颜色。所以，认真倾听留守幼儿的语言有助于我们了解他们的思想，帮助他们树立自信心，让他们大胆地说出心中想法，逐步走出心里的阴影。

三、通过美术活动鼓励留守幼儿讲故事，培养留守幼儿想象力

语言本身就是一种艺术，而留守儿童他们很多时候不愿意和人交流，

不愿意分享他们的心中所想。这时候我们老师就应该去正确引导留守幼儿，特别是一些喜欢画画又不爱表达的幼儿，可以先和老师交流，在他愿意的基础上，再请他和全班幼儿分享，或者和他的好朋友分享。如每一次我给幼儿上绘画课程的时候都是以某样东西为主体绘画，在画面上再添加一些其他的东西。有一次，一位老师在给我们培训的时候说，其实你什么也不用画，就告诉孩子，今天我们画树，树的树枝比树干小一些，就可以了。回去后我试着给孩子上了一节这样的课，我发现很多留守幼儿的绘画作品很有故事性。如一名幼儿画了一棵大树，树上有一个鸟窝，窝里有三只小鸟，一只鸟妈妈嘴里叼了一个虫子飞回鸟巢，地上有一些小草，草堆里还有一只大虫子看着天上。我觉得这幅画很具有故事性，我先试着给孩子们讲了一个鸟妈妈辛苦给鸟宝宝找虫子的故事。让孩子们接着往下面讲，有一个孩子想到了鸟爸爸，他说鸟爸爸去更远的地方找虫子去了。画面上其实是没有鸟爸爸的。另一个孩子看到草堆的虫子说，那只虫子是被叼走的虫子妈妈，它在哭，因为它的宝宝被鸟妈妈叼走了。从这一幅图中我们看到了幼儿想象性的创编故事的能力。我们可以在美术活动中鼓励幼儿创编故事，在创编故事的同时促进留守幼儿想象力的发展。

陈鹤琴先生的"活教育"原则认为凡是儿童自己能做的事情，应该让他自己去做，凡是儿童自己能够想的，应该让他自己想。儿童自己去探索、去发现。自己所求来的知识才是真知识，他自己所发现的世界才是真世界。留守幼儿的想象力是无限的，只是他们在现实生活的状态下，想象力被禁锢。我们应该在美术活动中培养留守幼儿的想象力，让他们感受到自己的想象是伟大的，是创造性的，是人类进步的基础。留守幼儿想象力的探索也是无限的，我们应该让幼儿展开想象的翅膀，无拘无束地在美术活动中自由地飞翔。

参考文献：

[1] 杨元松. 中国留守儿童日记[M]. 南京：江苏文艺出版社，2008.
[2] 王志平. 美术教学中如何培养学生的想象能力[J]. 成功：教育，2009（12）.

[3] 陈鹤琴. 活教育的教学原则[M]. 上海：上海新华书店，1948.

[4] 韩秀英. 儿童创造力训练理论与实践[M]. 长春：北方妇女儿童出版社，2009.

[5] 洪梅. 对孩子来说创造意味着什么?[J]. 父母必读，2009（11）.

幼儿创造力培养的思考

邹 超　何慧君　三台县教师进修学校

【摘　要】人人都会有一定的创造性思维，处在不同年龄阶段的人，其本身创造性思维的能力、发展水平以及特点都是不一样的，处在同一年龄阶段的人的创造性思维情况也是因人而异的。因此，相应的培养也需要有针对性。本文以幼儿为例，对其创造力培养存在的问题进行分析，提出幼儿创造力的培养对策。

【关键词】幼儿　创造力　培养

我们生活的21世纪给我们带来了大量的挑战，同时在这些挑战中也存在着无穷的机遇。自我国改革开放以来，社会主义的实践和建设在党的领导下逐步走上正轨，并呈现出紧张的竞争态势，21世纪正是人才发展的好时机。如果说以前是科技等于财富，那么现在，人才才是最大的财富，而人才是否具有竞争力的一大指标即是否具有足够的创造力。"创新是一个民族进步的灵魂，是一个国家兴旺发达的不竭动力。"拥有创造精神的民族才是最具发展力的民族。从大的方面来说，创造力甚至决定着一个国家在世界之林中所处的地位；从小的方面来看，创造力是一个人在社会上证明自己的法宝，是在优胜劣汰的生存环境中避免被淘汰的关键要素。创新性思维不是人类与生俱来的一种能力，它需要在后天条件下进行激发。"天才就是强烈的兴趣和顽强的入迷"。这个兴趣不是后天培养的而是天生就有的，我们从所有的幼儿身上都能看到。幼儿喜欢重复进行一件事，有个最经典的例子就是孩子喜欢听故事，成人一般看一遍就不再看了，但幼儿却不厌其烦地听同一个故事。儿童从故事里面吸收的首先是逻辑，其次是情景，然后是准确的概念，最后幼儿会加入自己的思维对故事进行改编。由此可见，创造力的形成不是一朝一夕的，它是一个日积月累的过程。创造力已然成为人类生存和发展的根本，时代也在呼唤着创造力。

一、幼儿创造力培养中出现的问题

（一）教育者对幼儿的要求过于规范

幼儿在家庭或是在幼儿园，都会在一定程度上受着管束，被要求什么能做什么不能做。成人对他们的要求过于规范，就有可能阻碍他们创造力的发展。例如，有的幼儿可能很喜欢在自己家里的墙上乱涂乱画，画的东西在我们看来可能什么都不像，可是他们却能说出他们画的是狗、是猫，或是其他的什么东西，这都是他们创造力的表现，是他们创造力发展的途径。可是有些家长并不允许幼儿这样做，在他们看来，幼儿的这种行为是调皮捣蛋的行为，一旦幼儿在墙上涂画的时候，他们就会去批评孩子，责骂孩子，有些家长可能在幼儿反复出现这种行为的时候去打孩子，他们这样做就是为了规范幼儿。不让他们在墙上乱涂乱画最后的结果是孩子终于被管"好"了，他们再也不敢在墙上涂画了，家长也认为孩子不再调皮捣蛋了，变乖了。可是，家长的这种做法不会对幼儿有任何好处，反而是害了孩子，扼杀了孩子创造力的发展。

（二）包办代替的教育方法，剥夺了幼儿动手实践的能力

在幼儿园的日常教学中，幼儿在操作中遇到困难，教师总是急于替代幼儿，帮助幼儿解决问题，这样问题往往会很快解决。例如，一位具有十多年教学经验的幼儿教师设计了一个科学领域的公开活动，活动的名称是"再生纸的制造过程"，其中一个环节是教师在前面操作再生纸的制造过程，让幼儿在下面模仿她的操作过程，她做一步，幼儿跟着做一步，在教师做完的时候，她看见有一组幼儿做得特别慢，教师并没有去指导幼儿该怎样去做，而是走到那组幼儿的身边，从幼儿的手里拿过材料自己操作起来，我看见当时幼儿的脸上出现了一种似懂非懂的表情。教师的活动目标上明明写了通过幼儿的动手操作发挥幼儿的创造力，可是教师的这种做法却不能达到她所设计的活动目标。教师为了节省活动时间，帮助幼儿把整个操作过程完成了，没有让幼儿自己去实践，去操作，像保姆一样，把幼儿要做的都做好了。在幼儿园里类似的案例是大量存在的。

（三）重视模仿、轻视创造的教学方法

在幼儿园的活动中，有很多教学内容是幼儿模仿教师，教师会要求孩子照着教师画的东西画，按教师讲的内容讲，按教师的做法做，让幼儿通过模仿来学习，慢慢幼儿也就习惯了这种靠模仿的学习方法。在很长的一段时间里，教师都采用了这样的教学方法，直接去教授幼儿知识，让幼儿通过模仿来学习，没有给幼儿机会去展现自己的想法，没有给孩子机会让他们自己去探索。

例如，在幼儿园实习时，有这样一个案例。教师让幼儿去画大树，但没有让幼儿按自己的想法画出来，而是在前面画一笔，幼儿在下面画一笔，画完之后，所有幼儿的画都千篇一律，都是模仿教师的画画出来的。其中有个女孩名叫佳佳（化名），得到了教师的表扬，因为她画的树和教师画的树最像，其他幼儿听后都对自己的画进行修改，力求和教师的画一模一样。树的样子千差万别，也许教师让幼儿按自己的想法画，幼儿会画出几十种树的样子，可是教师让幼儿模仿自己的画，使那么多幼儿最后画出的树都是一个样子的，这样的做法正是遏制了幼儿创造力的发展。

二、促进幼儿创造力培养的教育对策

（一）教师树立幼儿创造力可持续性发展观的必要性

树立幼儿创造力的可持续性发展观，指的是树立以幼儿创造力潜能引导、发展为主旨的教育观；形成把幼儿当作具有主体能动性，在教育教学活动中不可替代的学习主体的儿童观；确立教育教学活动是师幼的共同活动，在活动中教师必须形成为幼儿创造力发展创设条件，提供评价、指导和帮助的教育活动观。它的树立是在对幼儿创造力全面认识的基础上进行的。

幼儿创造力培养活动中的教育内容必须"既符合幼儿的现实需要，又有利于其长远发展"（《幼儿园教育指导纲要（试行）》，以下简称《纲要》）。那么对哪些品质的促进才能满足幼儿这一需求呢？"要从不同角度促进幼儿情感、态度、能力、知识技能等方面的发展"（《纲要》）。"要避免仅仅重视表现技能或艺术活动的结果，而忽视幼儿在活动过程中的情感体验和态度倾向"（《纲要》）。在这里把情感和态度作为幼儿发展最重

要的方面列在首位，不是无意而为的。情感、态度、能力、知识技能排序体现了一种鲜明的价值取向，那就是趋向于使幼儿终身受益品质的价值。

幼儿情感和态度是个体创造力持续发展的内在动力。在培养幼儿创造力的活动中，首先应激发幼儿的内在动机，使好奇、好动、爱思想、敢想象等内化为幼儿品质，使他终其身而乐于、敢于创造。幼儿教育的功能从本质上讲是一种着眼于未来的奠基工程，具有潜在效应和长远效应。在幼儿园教育教学过程中，教师必须改变对创造力发展急功近利的期望，要注重那些特别是对幼儿创造力可持续发展产生影响的品质的培养，为其创造力的后续发展奠定基础。

（二）增加幼儿动手实践的机会

父母包办代替的教养方式，使幼儿动手实践的机会越来越少，任何事情都不舍得让幼儿去做，使得有些幼儿的生活自理能力特别差。在家庭中，父母要培养幼儿的创造力。一定要先从培养幼儿的生活自理能力开始，让幼儿能够自己穿衣服吃饭，养成独立的生活习惯，这是培养幼儿创造力的开始。什么都不让幼儿动手实践，这样会极大地限制幼儿创造力的发展。著名的教育家陶行知先生提出，要培养幼儿的创造力，要做到"六大解放"，其中就提到要解放儿童的双手。在幼儿园活动中，教师应多为幼儿提供各种丰富的操作材料，多给幼儿一些动手操作的机会，培养幼儿动手实践的能力，让幼儿通过动手操作明白一些现象、原理和操作技巧。培养幼儿动手实践的能力也就是在培养幼儿的创造力，幼儿的创造性活动需要通过双手来实现。

（三）培养幼儿的"求异精神"

过于重视幼儿的模仿能力，使得每个幼儿大体相同，在学习过程中，幼儿会模仿教师或者其他幼儿的行为，完全忽视了自己独特的地方。因此，在教师提问时，要进行开放式提问，设置开放性的试题，培养幼儿从不同的角度去思考问题，鼓励幼儿别出心裁。幼儿不同的答案正是反映了幼儿的动脑程度和自己对问题的分析，不要让幼儿去重复其他幼儿的答案，鼓励幼儿积极探索。

（四）营造民主、宽松和愉快的氛围

受传统教育观念的影响，有些教育者认为幼儿就应该听他们的话，幼儿学什么、做什么，他们已经为幼儿安排好了，他们不会去和孩子商量，以至于有些孩子所学的并不是自己喜欢的，对所学的东西一点兴趣都没有，只不过是在家长和教师的安排下不得不学、不得不做。家长的这种权威意识对幼儿的创造力会产生负面的影响。针对这一问题，解决的办法就是要家长和教师淡化自己的权威意识，能够为幼儿营造民主的学习和生活的氛围。幼儿的事情要多和他们商量，多和他们讨论，不要强迫幼儿去做他们不喜欢的事情，为幼儿营造和谐的氛围，提供主动发展的空间，充分发挥幼儿的自主性，使他们能够感觉轻松愉快，在不受压抑的自主活动中发挥他们的创造才能。要把幼儿放在主体地位，充分调动幼儿的积极性，在与幼儿交流时采用民主的态度，不可以认为幼儿还小，什么事情都要为幼儿做主，要多听听幼儿的意见。当与幼儿的意见发生冲突时，也不要把自己的意见强加在幼儿身上，而是应该耐心地进行引导、讲解，这样才能体现出民主的氛围。

（五）利用自然，丰富生活，发展创造力

大自然为我们创设了无穷无尽的自然资源材料，受到了孩子们的欢迎。让我们走进大自然，充分利用这些自然资源，促进幼儿的创造性发展。正如陶行知先生说的："由行动而发生思想，由思想产生新价值，这就是创造过程。"

1. 让孩子到大自然中去，激发幼儿的探索兴趣

兴趣是幼儿认识世界的动力，它表现为儿童对事物的心理倾向性。我园地处城郊接合部，应该说孩子对自然材料并不陌生。但由于受到家长日趋"洋化"的教育观的限制，认为玩沙、泥、草是没出息的事，弹弹琴、学画画、认认字才是真正的智力投资。所以许多孩子没有真正玩过这些自然材料。刚开始时，孩子们缩手缩脚，特别是女孩子，当听说玩泥巴游戏时，一边躲一边说："太脏了！弄脏了衣服，回家妈妈会骂我的。"于是我们从兴趣入手，激发孩子的动手欲望，如在"自然角"里摆上用泥塑的动物，用小花小草点缀的一些小房子、亭子、假山，同时我们为孩子创造一些物质条件，如袖套、围裙等，营造出积极的环境氛围，来鼓励幼儿积极参与。这样，孩子们焦虑的心情渐渐消除了，全身心地投入到游戏中。同时我们依照自主性原则，将各种自然材料分成若干个区域，让孩子按照自己的兴趣需要选择活动区，创设一种使幼儿不受教

师支配，自由选择活动内容、活动速度、活动时间的自由心理环境，促进幼儿创造性地发展。

2. 丰富幼儿的生活经验，激活幼儿的创造灵感

创造的源泉是孩子的生活经验，孩子创造的作品反映的内容也是幼儿的生活。所以在游戏中我们重视丰富幼儿自身的生活经验，从而来挖掘幼儿的创造潜能。我们带孩子走出幼儿园，到乡间、田野去远足郊游，让他们走进大自然，亲近大自然，从中孩子们找到了无穷的乐趣，更激发了孩子们的创造性。

在幼儿的游戏活动中，我们始终以"幼儿与环境互动""幼儿与幼儿互动"的原则来促进幼儿的动手能力及思维能力，让他们在与大自然的互动中激发思想感情，激起强烈的表达欲望，在这里我们注重的是幼儿积极探索的欲望和情绪，而不是幼儿作品本身的成功与否，让幼儿在探索的过程中体验操作的快乐和实践的愉快情绪。

（六）全面评价，避免单一

"世界上没有完全相同的两片树叶"，同样，每个幼儿都是独一无二的。教师恰当的评价，不仅能促使幼儿改进和转变，还能促进幼儿创造力的不断发展。评价的恰当与否影响着幼儿对活动的兴趣和坚持，其对幼儿的发展价值巨大。但笔者通过在幼儿园的大量观察，发现部分幼儿园教师在操作活动中仍简单地用"好不好""像不像""美不美"等标准来评判幼儿的作品。另外，有的幼儿园教师在执教过程中，甚至忽视教学活动的生成，不惜以扼杀幼儿的创造性想象为代价，来实现预设教学过程的完整性。因此，为促进幼儿创造力的不断发展，对于幼儿创造力的评价应客观而全面地进行，尽量避免绝对化和单一化。首先，在集中教育活动中，教师应鼓励幼儿多尝试、多探索，不是片面地看作品像不像或美不美，而是要重视作品的创造性意识，鼓励幼儿自由创造，从多角度思考问题，并能用与众不同的方式表达自我的感受，而不是仅限于教师的范例。其次，在游戏活动中，教师应为幼儿提供多样化的游戏材料，特别是低结构的游戏材料，要鼓励幼儿大胆地凭借自己的经验和想象来对材料进行任意的操作，对幼儿命名或功能解释中与众不同而又不失合理的想法和答案，教师要加以鼓励和表扬。最后，教师还要善于抓住一日活动的其他环节中幼儿的创造力表现，引导幼儿之间、幼儿自己、

幼儿家长进行正确的、全面的评价，从而促进幼儿创造想象能力和水平的不断提高。

参考文献：

[1] 董奇. 儿童创造力发展心理[M]. 杭州：浙江教育出版社，2009.

[2] 黄人颂. 学前教育学参考资料（上）[Z]. 北京：人民教育出版社，2001

[3] 王小英. 日中两所幼儿园 5 岁幼儿发散性思维能力的对比研究[J]. 幼儿教育，2010（10）.

[4] 王小英. 幼儿园创造教育研究[M]. 长春：长春出版社，2003.

[5] 韩秀英. 儿童创造力训练理论与实践[M]. 长春：北方妇女儿童出版社，2009.

[6] 洪梅. 对孩子来说创造意味着什么？[J]. 父母必读. 2009（11）.

基于儿童视角的幼儿活动组织初探

曾春梅　三台县芦溪镇幼儿园

【摘　要】儿童是具有独立个性和人格的个体，儿童的生命、精神和人格应该得到肯定和尊重。作为幼教工作者，我们应该尊重幼儿、理解幼儿、关心幼儿。一切教育活动的开展都应该是以幼儿为中心，在充分了解幼儿的实际情况后，从幼儿的发展需求出发，使幼儿在活动中得到发展和有所感悟。

【关键词】儿童视角　幼儿主体　了解　尊重　遵循

近年来，随着教育的发展，"尊重幼儿""幼儿是教育的主体"得到广大教育工作者的一致认同。《国家中长期教育改革和发展规划纲要（2010—2020年）》和《3—6岁儿童学习发展指南》均明确提出：幼儿活动的组织和实施，必须遵循幼儿的身心发展规律，基于幼儿各自的年龄阶段特点及实际发展水平来设计和实施。学前阶段是人生最重要的启蒙时期，科学的学前教育对人的后续学习和终身发展具有不可替代的作用。好的教育途径和方法能有效促进幼儿未来的学习和成长发展；错误及不良的做法也会对幼儿的终身发展造成不可估量的危害。怎样才能真正做到从幼儿实际出发，体现幼儿在教育活动中的主体地位呢？这就要求我们所有的教育工作者要以正确的态度和行为去观察幼儿、尊重幼儿、关心幼儿，遵循幼儿的成长规律和特征，因势利导、因材施教，不以统一的标准和成人的眼光来评判孩子的行为，即以儿童的视角来观察世界、认识事物，并以此为基准来设计、组织和实施教育活动。

一、儿童视角

儿童视角即赋予儿童对教育的话语权，倾听儿童心声，使儿童作为"主体"得以现身。这要求成人在深刻了解幼儿年龄特征的基础上，以儿童的心理来认识和发现周围事物，以儿童的眼光来观察和理解世界，重视儿童的感受，不把成人的想法强加给儿童，不用成人的标准和审美去约束和评判儿童，给儿童自由表达的权利。教育者在教育中始终有一份童心，有了童心，就能理解儿童眼中的世界，欣赏儿童纯真的美。

正确的儿童视角观应该是在教育工作者深刻了解幼儿年龄特征的基础上形成的正确的儿童观。

1. 儿童视角不是盲目地以幼儿为中心

在教育活动中，部分教师存在盲目地一切以幼儿为主体的观念：既然是以幼儿为主体，那他们所做的一切都可以理解和合理。"从孩子的角度来看，这样做也是对的。""孩子那么小，他就是这样认识的。"到底孩子眼中的世界是什么样子，他们是怎样认识外界事物的，这就需要幼教工作者认真研究每个年龄段儿童的身心发展状况与培养的标准和内容，根据我们日常对孩子实际情况的了解来制定适宜的教育目标和任务，引导他们完成任务并在原有的基础上得到发展。

2. 儿童视角不是使用儿童化语言和儿童化动作

拥有儿童视角需要我们理解儿童化语言和儿童化动作的意义，并用正确的语言和动作来示范和引导幼儿的交流与发展，而不是老师简单地使用童化语、童化动作。

二、如何拥有儿童视角

（1）掌握幼儿各年龄段在不同领域的特点、培养标准，以本年龄段幼儿的需求为儿童视角的出发点，设计和实施相应的教育活动，使幼儿得到教育和发展。例如：在幼儿来园哭闹的情绪调整活动中，3~4岁幼儿需要教师给予安抚，如抱一抱、拍一拍、抚摸背部，引导其将不良情绪宣泄或倾泻出来（如让他哭一哭、闹一闹等），而不是简单地阻止、劝慰和命令，孩子的哭闹一般会很快结束。4~5岁幼儿则需要成人的安慰和提醒（如："你吵着小朋友了""我们不喜欢哭宝贝""哭宝宝今天可能评不到小红花"等)，并对其进行相应的回应，如交谈、了解、分享幼儿的情绪，对其行为进行干预，提出相应的要求。例如上学期，海海小朋友从外校转来我班，每天来园时都会大声哭闹，在整个上午的活动中都情绪低落。经过和家长的沟通，我了解到宝宝在小班哭了整整一年，针对孩子的情况我和家长制定了相应的教育措施，在经过近一个月的安抚、谈话等干预后，孩子变得只是在离别时哭泣2分钟左右，后面的活动不再受情绪影响。在此基础上，我和海海约定：如果能不哭闹，就可以当小老师，因为不哭闹说明宝宝长大了，能管住自己了。一周以后，海海没有哭了，他骄傲地当上了小老师，小朋友们都为他鼓掌。从那以后，海海再也没有哭过，每天都能开开心心来幼儿园。5~6岁幼儿则可教育幼儿学习控制情绪，帮助他们认识哭闹的不良影响，也可通过分配任务或游戏来引导幼儿快速转换情绪。

（2）《3—6岁儿童学习与发展指南》中指出：老师要帮助幼儿养成敢于探究和尝试、乐于想象和创造等良好学习品质。在教育活动中，教师要根据幼儿的行为表现来观察、了解其视角，捕捉其教育需求，给予适时的指导和引导教育，使幼儿有所感悟，有所成长。

在大班开展了社会活动"我的生日"后，为了巩固教学内容，拓展孩子的思维，我带领孩子们来到沙池，开展做蛋糕的活动。孩子们非常喜欢玩沙，一来到沙池就热火朝天地忙碌起来，不一会儿，浩浩和小宇的蛋糕就做好了，他们激动地邀请我："老师快来看，我们的蛋糕做好了！"果然，一个圆形的蛋糕呈现在我眼前："哇！你们的蛋糕又圆又大，闻起来香喷喷的，可是，它好像和我们平时看见的蛋糕有点不一样呢，我想吃又漂亮又美味的蛋糕呢！""知道了，我来画上花纹装饰一下！"浩浩马上忙碌起来。"老师，我做最漂亮的蛋糕请你吃！"小杰和琳琳在做好的蛋糕上用小手细心地挖出许多洞洞，并用指头在空隙处画出许多弯弯扭扭的曲线，最后还在上面插上一根小树枝，看起来一点也不像完整的蛋糕。"这是谁的生日蛋糕啊？为什么有这么多洞洞呢？"我问。"这是我的生日蛋糕，我喜欢走迷宫，我的蛋糕是一个大大的迷宫，谁最先走完迷宫，就可以吹蜡烛，吃蛋糕！"小杰骄傲地向大家介绍。"迷宫蛋糕真神奇！老师还能看见更神奇的蛋糕吗？"听我这么一说，孩子们做得更起劲了，有的做了城堡蛋糕，有的做了爱心蛋糕，有的做了月亮蛋糕……蛋糕的形状不再是刚开始时单一的圆形，有的还做了多层蛋糕，蛋糕上的装饰也更加精美，有的小朋友还找来小勺子、树枝等当蜡烛，围在一起像模像样地开起了生日派对。整个沙池里洋溢着浓浓的创作激情，孩子们互相分享着，共同开心着！

通过活动中幼儿的表现，我认识到，幼儿对事物的感受和理解不同于成人，他们表达自己认识和情感的方式也有别于成人，老师要及时对幼儿的活动给予引导，帮助他们运用已有的生活经验创造性地开展活动。及时与幼儿交流，了解他们的作品所表达的内容和情感，从幼儿的思维角度来给予引导和指导，拓展幼儿的思路，让幼儿对学习内容的认识更深入和广泛。

在活动中，小杰的迷宫蛋糕看起来虽然并不像我们印象中的蛋糕那么完美，却被许多小朋友认为是最漂亮的蛋糕。许多小朋友也正是在迷宫蛋糕的启示下，创作出了形态各异的作品。这充分反映了《指南》中所指出的：幼儿独特的笔触、动作和语言往往蕴含着丰富的想象和情感，老师应对幼儿的艺术表现给予充分的理解和尊重，不能用自己的审美标准去评判幼儿，更不能为追求结果的"完美"而对幼儿进行千篇一律的训练，以免扼杀其想象与创造的萌芽。但在实际的教育活动中，我们却常常以幼儿教育的专家和指导者的身份出现，我们设计组织着一堂堂"优秀"的、我们认为幼儿需要的教育活动，这背离了幼儿教育宗旨，忽视幼儿主体活动地位的表现。

（3）在日常的教育活动中，孩子们常常作为教育中的被观察、被评判对象，在活动中按照老师的引导，一步步完成既定的教学目标和任务，然后再被教师按照一定的标准进行评价。拥有儿童视角，就要求教师在对幼儿的评价活动中，对幼儿的行为、发展状况和作品的评价不单一依靠"标准"来评定，要通过观察幼儿在活动中的参与度、表现及反应，认真倾听其诉求，以儿童的视角来捕捉儿童的感觉，从而实现对儿童发展状况的真实有效的评价。例如：在中班绘画《妈妈》作品分享活动中，轩轩小朋友兴奋地拿着作品要和大家分享，我一看，画面上的妈妈脸上涂满了褐色，几乎看不见五官，妈妈歪斜在几条斜线上。看见这样的作品，我真不知道该如何评价。为了不打消幼儿的积极性，我让轩轩给大家介绍自己的作品。"我的妈妈最漂亮，她喜欢穿花裙子，我画的妈妈躺在垫子上敷面膜。"她讲完后孩子们纷纷议论起来："我妈妈也敷面膜，白的（绿的）。""我妈妈在给我煮饭。""我妈妈穿着高跟鞋。"孩子们的思路一下子被打开，我延时给他们完成作品。最后，所有孩子的作品都非常丰富，有的小朋友甚至细致地画出了妈妈漂亮的网眼丝袜。儿童画的奇异想象，往往因为技法上的稚嫩而被成人忽视，但只要你用儿童的视角来欣赏和理解，给他们自由表达的机会，你就能发现儿童眼中的美好世界，感受到童真、童趣。儿童自有他们独特的观察方式和审美眼光去发现和记录，而我们就需要用儿童视角去理解和评价他们的活动，肯定幼儿创作的价值。

三、儿童视角在教育活动中的运用

1. 儿童视角在日常教学中的运用

在一次小班科学活动"给小动物喂食"中，老师分别给小猫、小狗、小鸡设计了三座房子，并把小动物图卡分别贴在屋顶三角形处，要求孩子们将小动物喜欢吃的食物贴在正方形的墙壁处。但在活动的过程中，虽然有老师的一再提醒，小朋友们却都将食物贴在小动物上。如果从儿童视角出发设计该活动，材料准备中则不需要房子，只要画出张大嘴的小动物即可。小班孩子的理解是具体形象的，他们认为喂小动物吃东西就要放在它嘴里。材料改变后，幼儿参与活动的兴趣会更加浓厚。

在小班"蝴蝶的成长"活动设计中，我设计了听故事、观看图片、涂色等环节来开展活动，但幼儿的参与度与我的预设始终有差距。在第二次的活动设计中，我改为边讲故事边播放视频《毛毛虫变蝴蝶》。观看结束后开展体育活动，通过抱头蹲、蠕动爬、肘膝爬、手脚爬、蝴蝶飞等钻爬动作的练习，每一个孩子都掌握了蝴蝶的成长过程并能积极主动地参与到活动中来。教学效果非常好。幼儿的思维是形象、直观的，动画视频与图片和讲述比更能给幼儿留下深刻的印象。钻爬等直接体验能让他更好地认识蝴蝶的成长过程。

2. 在幼儿区角活动及环境创设中，教师也要树立儿童视角

在创设图书角时，成人的看法是看书要坐端正，要养成正确的阅读姿势和良好的阅读习惯。在参与图书角的活动中，我们时常提醒幼儿保持安静、有书、有桌椅和好看的图画书就是成人眼里的图书角。而对于孩子们来说，安静、舒适的环境更有吸引力：能席地而坐的柔软地毯，毛茸茸的靠垫，舒缓轻柔的音乐，和小伙伴一起阅读图书，有了这些元素，孩子们会更喜欢去图书角，也会更专注、安静地享受阅读时光。

教师在区角活动的材料准备及区角的设置、布置中邀请家长和幼儿共同参与，将幼儿作品、亲子手工等用于环创及区角活动中，对于幼儿积极参与区角活动和区角材料及内容的丰富有着重要的意义。如：小班幼儿可自带喜欢的玩具放置在"娃娃家"缓解幼儿的离园焦虑。

3. 幼儿活动的评价，要以幼儿在活动中的表现和后续发展来进行

在活动评价中，不以单一的幼儿作品完成情况为标准，应该以幼儿在活动中各方面综合表现和发展为依据。如：依据个案观察记录，成长追踪记录及延展活动中的表现和发展来进行完整综合的评价。更不能以老师的标准和眼光来评价孩子，在评价活动中多听听孩子的讲述，了解他们为什么要这么做或说，给予孩子积极、正面的指导和评价。

4. 指导家长转变教育观念

幼儿教育是家园共同协作完成的，作为幼教人，我们不仅要学会用儿童视角来组织幼儿的教育活动，还要对家长的教育进行指导和帮助，指导家长学习了解幼儿认知规律，学会用儿童视角来引导幼儿学习、评议幼儿活动，家园共同创造适宜幼儿健康快乐成长的环境。如：在家长开放日一日观摩活动中，有的家长对孩子的活动时常进行干扰"你快做""举手""你怎么不会"……在日常的教学活动中，也有家长对我们的活动提出疑问"别人的孩子都会写××字了，你们为啥不写"，针对这些情况我们对家长开展相关知识讲座，帮助他们形成正确的儿童观和教育观。

儿童视角是在以尊重幼儿、以幼儿为活动的主体、以促进幼儿的发展为目标为出发点，以先进的教育观念和丰富的幼儿教育专业理论知识为基础的情况下形成的，对幼儿的成长发展有着良好的促进作用，对幼儿的后续发展和终身学习有着深远影响。这就要求我们所有的幼教工作者都要不断地学习钻研，更新教育观念，真正做到从幼儿实际出发，以孩子的眼光来观察世界，认识事物，形成正确的儿童视角，并以此为基准来设计、组织和实施教育活动，让每个孩子都得到成长和发展。

参考文献：

[1] 李季湄，冯晓霞.《3—6岁儿童学习与发展指南》解读[M]. 北京：人民教育出版社，2013.

[2] 黄力. 我心目中的学校：儿童视角的研究[M]. 北京：光明日报出版社，2011.

[3] 陈晓红，李召存. 教育研究中儿童视角的发展[J]. 教育导刊（下期），2015（1）.

浅析家庭环境对幼儿语言发展的影响

冯泽婷　康定市第一幼儿园

【摘　要】 0~3岁这一阶段，特别是1~3岁是幼儿语言能力发展最快、学习效果最好的阶段；2~3岁是幼儿语言发展的关键期；3岁是幼儿语言发展的飞跃期。因此，幼儿出生到3岁都是学说话的最佳时期，也是关键期，而创设一个良好的语言环境至关重要，家长必须抓住这个时期来发展幼儿的语言能力。

【关键词】 家庭环境　幼儿语言发展　影响

语言是人类最重要的交际工具，是传递信息的重要媒介，是人类特有的工具。社会建构主义的代表人物杰根认为："语言是知识的文化积累、传输和表征的基本形式。对各个领域中任何问题的表征需要社会性的相互转换才能获得合理性。"所以，语言是客观物质世界和主观精神世界结合的中介，并起表征作用；也是人类特有的一种高级神经活动形式，是人类互相交往的工具，是人表达自己内心世界、思维的一种工具，它在人的心理活动中起着重要作用。

语言发展是幼儿认知能力、个性与社会性、情绪情感的重要因素，也是幼儿社会化的重要标志。

一、幼儿的语言发展的特点

幼儿期是人一生中语言发展的关键期，语言能力的培养必须从幼儿抓起。这个特殊时期的幼儿，多抱抱、多亲亲、多说说、多听听都将使家长与幼儿建立起融洽的亲子关系，也将有利于幼儿想说、能听、会理解的习惯的培养。如幼儿把"汽车"说成"车车"，把"老公公"说成"老东东"等。而孩子这时期最大的特点是非常爱说话，整天叽叽喳喳说个不停，表现得积极主动，词汇量迅速增加，已能用简单的复合句来表达意愿，基本理解常用的简单句型。会用"我"来表达自己的需求愿望，并开始把自己从客体中区分出来，言语的发展促进自我意识的萌芽，学会说简单句，一般由3~5个词组成。如说"妈妈上班""宝宝吃饭""宝宝车车去"。在接近两岁时，孩子语句中出现了少量的复合句。如"妈妈给我笔，我要画画"等。到3岁，幼儿基本掌握本地区语言的全部语音，但在实际说话时发音还不够准确。同时，他们的词汇量增加也很快，尤其是实词增长更为迅速。这时的幼儿特别爱听故事，常常缠着父母在空闲时间讲，还喜欢一边听一边学故事中小动物有趣的动作和叫声。

因此，幼儿从出生到3岁都是学说话的最佳时期，也是关键期，过了这个阶段再发展语言就不太容易了。家长应该为幼儿创设一个良好的家庭环境，让幼儿生活在文明规范的语言范围中。所以，教师和家长必须抓住这个时期培养幼儿的语言能力。

二、家庭环境对幼儿语言发展的影响

蒙台梭利、乔姆斯基等语言学家都认为：只要在正常、自然的语言环境，幼儿的语言就会自然而然地发展起来。因此，语言的发展离不开环境，环境是语言的源泉，幼儿语言的发展有赖于周围良好的语言环境。幼儿从呱呱坠地，最先接触到第一环境就是家庭。家庭不仅是幼儿的第一生长环境，而且还是幼儿发展的重要社会环境，是促进幼儿社会性、语言、个性等全面发展的平台。

许多研究表明，不同形态的幼儿家庭环境和幼儿语言发展的能力相关。幼儿生活的家庭主要由核心家庭组成。但在现在的家庭环境可以分成两种：第一种是由父母和幼儿两代人所组成的；第二种是"扩大家庭"，主要是由祖父母或者外祖父母、父母和幼儿等三代人所组成。父母是幼儿出生后的第一重要人物，也是幼儿的启蒙者，其行为习惯、言谈举止深刻影响幼儿。所以，父母对幼儿语言发展的观念、态度与幼儿的交流甚至为幼儿提供的媒介都可能引起幼儿语言发展。因此，家庭环境对幼儿的语言发展起着举足轻重的作用，是幼儿学习语言的重要场所。

幼儿语言习得不仅受制于幼儿先天的语言学习能力，而且也不可避免地受到后天的影响。不同的语言或方言，以及语言、方言中某些要素的习得难度不同，各民族、各地区、各时代乃至各家庭的语言观念不同，幼儿生活和习得语言的文化背景不同，不同语言环境和语言登记的不同都会给幼儿的语言习得带来各种各样的影响，使幼儿语言发展在速度、方式、重点等方面出现或大或小的差异。

家长和幼儿接触的时间最长，是幼儿学习的榜样，其一言一行都时时刻刻影响着幼儿，而这个时期也是幼儿模仿能力最强的时候。因此，家庭环境的好与坏就会直接带给幼儿正面和负面的影响。

（一）正面影响

《幼儿园教育指导纲要（试行）》指出：提供普通话的语言环境，能帮助幼儿熟悉、听懂并学说普通话。利用图书、绘画和其他多种方式，引发幼儿对书籍、阅读和书写的兴趣，培养前阅读和前书写技能。所以，家长应该在幼儿语言发展关键期，尽可能地提供好的条件来帮助幼儿语言的发展。

首先，与幼儿普通话交流。家人在和幼儿交流时全用的是普通话，而且用的基本上是儿童语言，几乎不用叠词。例如：妈妈拿了一样玩具就会用普通话问幼儿：这是什么、是什么颜色的等。

其次，不同年龄段给予幼儿不同的发展语言的物质。家长可以为幼儿提供一些刊物、影碟等。例如：幼儿1岁多的时候，早上起来，家长会给幼儿放《天线宝宝》，幼儿坐在沙发上边喝奶粉边看电视；或者是在幼儿玩耍的同时，给幼儿放一些儿童歌曲。2岁多的时候，妈妈早上起来会放有卡通图像的英语碟子，和幼儿一起跟着念，一遍英语，一遍汉语。

再次，促进幼儿对书籍、阅读的兴趣。家长在幼儿看书的同时，会教幼儿一些简单的诗歌。例如：妈妈会拿着诗歌的书，先看书上面画得有什么，然后再一句一句地教幼儿学古诗。现在幼儿可在家长的帮助下从1数到100，会背不少于5首的古诗，会唱几首儿歌，会说几个英语单词，认识不同种类的汽车等事物。

这样不仅符合了幼儿年龄段的发展，而且使幼儿的语言能力也得到了很好的发展，认识各种各样的事物，并通过这些事物延伸到现实生活当中。提前对幼儿进行一些固定句子的学习，而且还有一定的规律，也开始训练幼儿的记忆能力、智力等方面。

（二）负面影响

幼儿的语言是在生活中自然获得的，生活是幼儿学习的语言的丰富源泉,生活为幼儿提供了大量语言交往的素材和机会,能使他们通过实践,获得、理解和运用语言。父母是幼儿生活中不可缺少的角色,成人用语也会带进幼儿的生活当中去。

首先,大人之间的矛盾。在生活中,父母之间时常会发生一些口角、小矛盾,有时说出来的话会让幼儿听到,或者学到。例如:爸爸妈妈在谈事情,最后意见没有达成一致,妈妈就骂了爸爸一句"屁样子"。或者妈妈抱着幼儿在玩耍,一不小心发生了什么事,妈妈就脱口而出"去你妈个脚"。接下来,幼儿就把这两句话连在一起了,无论谁把他惹生气了,他就会说:"屁样子,去你妈个脚。"一直不停地骂下去。

其次,大人与幼儿之间的成人口语。在现在的社会中,家长都会在孩子面前充当"老子",所以这个在幼儿的日常生活中是经常出现的。例如:有一天,家里的人问幼儿:"谁谁谁(幼儿),谁谁谁(幼儿的哥哥)是你的什么人?"幼儿回答:"老子家哥。"全家人都非常惊奇,一笑而过。

以上两个例子就可以看出,家长的语言严重影响到幼儿,也"增加"了幼儿的语言。这些语言在家里说其实无所谓,都是自家人,说了大家不理他就行了,就当童言无忌,假如幼儿在幼儿园或一些公共场合说出来,其他人会怎样认为,怎样想?假如幼儿在幼儿园说出这样的话,幼儿一传十,十传百,然后再带回家,这样恶性循环下去,后果不堪设想。所以,家长应该以身作则,带好头,这样才能更好、更文明地发展幼儿语言。

三、给家长的建议

创设一个良好的家庭环境及语言环境发展幼儿语言应该做到以下几点:第一,父母应为幼儿营造一个和谐的家庭氛围及良好的家庭成员关系(如:在幼儿面前不吵架,不打架,经常和幼儿进行沟通与交流)。第二,为幼儿创设一个良好的语言环境(如:为幼儿购买或准备不同种类的幼儿刊物,印发幼儿对书记阅读和书写的兴趣)。第三,父母自身的文化修养以及文明用语(如:在幼儿面前不说粗话、脏话)。第四,为幼儿创设一个轻松、愉快、自由的说话空间,使幼儿想说、敢说、喜欢说、有机会说。第五,提供普通话的语言环境,帮助幼儿熟悉、听懂并学说普通话。

综上所述，营造一个良好的家庭环境对幼儿的整体发展至关重要，特别是对 0~3 岁语言发展关键期的幼儿来说，家长就是幼儿学习的榜样，其一言一行直接影响幼儿的发展。所以，家长应增强意识，重视对幼儿的语言发展，以免错失良机。

参考文献：

[1] 张加蓉，卢伟. 学前儿童语言教育活动指导[M]. 上海：复旦大学出版社，2005.

[2] 贺利中. 影响儿童语言发展的因素分析及教育建议[J]. 教育理论与实践，2007（6）.

[3] 中华人民共和国教育部. 幼儿园教育指导纲要（试行）[M]. 北京：北京师范大学出版社，2001.

《指南》背景下幼儿园班级管理探究

刘翠薇　盐亭县云溪幼儿园

【摘　要】班级是幼儿园实施保教任务的基层单位。对幼儿来说，班级是具体的学习生活环境，他们的大部分活动都是在班级内进行的，因此幼儿的健康成长在很大程度上直接取决于班级保教工作的实施和管理。

【关键词】《指南》　幼儿园班级管理　常规

班级是幼儿园实施保教任务的基层单位，2012年《3—6岁儿童学习与发展指南》（以下简称《指南》）的出台，细化了幼儿在班级中社会性发展的具体目标。对幼儿来说，班级是具体的学习生活环境，他们的大部分活动都是在班级内进行的，因此幼儿的健康成长在很大程度上直接取决于班级保教工作的实施和管理。作为一名管理者，如何有效地做好幼儿园的班级管理工作，是我们天天在面对又必须妥善解决的问题。通过多年的带班实践以及幼儿园管理经验，笔者认为一名合格的幼儿教师不仅要能组织好孩子的教育教学活动，更重要的是能做好班级管理工作。依据对《指南》精神的解读，下面谈谈我对班级管理的几点认识和看法。

一、幼儿园班级管理中存在的问题

1. 缺乏系统性

教师在制定班级计划时缺少系统的规划，与班级实际工作的组织与实施相脱节，缺乏在班级管理中的主动反思与改进。

2. 重教轻保

重视班级教育教学工作的管理，尤其关注幼儿的集中教育形式的学习活动，忽视了对幼儿生活、运动、游戏的整合管理，尤其忽视一日生活中的生活活动的科学管理对幼儿社会化发展的重要影响。

3. 缺少有效的师幼互动

班级师幼互动以传递知识技能，维护规则为主，事务性互动多，情感交流少。班级师幼互动现状较多表现为教师对幼儿的高控制和高约束，幼儿是高服从、高依赖，给幼儿营造的是一种处处布有坚固框限的心理与行为空间，不利于幼儿主动性与创造性的发展。

4. 幼儿参与班级管理的权利缺失

班级常规多是由教师制定，往往是以有利于整顿班级纪律，有利于教师管理为出发点，班级管理过程中忽视班级主体——幼儿，在管理过程中往往统一标准，忽视幼儿个体差异，对幼儿的观察了解不够，教育缺乏针对性。

5. 忽视家长在班级管理中的作用

较少利用家长资源参与班级管理，造成了家长对幼儿园班级管理工作不了解、不参与、不重视，在一定程度上也导致了家长只重视孩子在幼儿园都学到了哪些知识，而对于幼儿的全面发展情况缺少关注和了解，从而导致家长缺乏对班级各项活动的理解和支持。

二、幼儿园班级管理策略

1. 春风化雨，润物无声，给孩子一片充满爱的天空

要管理好一个班级，爱应该作为前提。有一句话大家都知道："亲其师，才能信其道。"只有营造宽松、温馨的家庭式氛围，才能让幼儿有一个愉快的学习环境。幼儿知识经验少，是非观念差，独立生活能力缺乏，他们不仅需要成人对他们生活上的细心照料，行为品德上的耐心引导，而且更加渴望得到教师情感上的关爱与呵护。我每接手一个新班，都要求自己尽快地熟悉了解每一个孩子的家庭情况、个性特点、身体状况等等，同时用真诚的爱心，恰当地运用表情、动作、语言去感染孩子。对小、中、大三个层次班的幼儿管理在方法上有所不同，比如对小班幼儿，适宜多用肢体语言，如摸一摸、抱一抱、拉拉手等来传达爱意，让孩子感到老师对自己的爱护、关心，使孩子对老师产生一种安全感、亲切感。到了中、大班，则适宜多用表情、语言去感染孩子，一句真心赞美的话语，一个鼓励的眼神，一个会心的微笑，都会使幼儿感受到你的爱。教

师的爱一旦被孩子理解和接受，他们同样对老师充满爱，就会心甘情愿地接受老师的教育，从而使教育能够更加顺利有效地展开。

2. 转换角色，共同参与是班级管理的有效方法

在传统观念中班级管理者是管理整个班集体的权威，班级的一切活动计划、活动安排、活动规则都是班级管理者一个人制订，配班老师、孩子及家长只能听从安排，被动地配合开展活动。目前，随着《幼儿园教育指导纲要（试行）》的颁布与实施，新的教育理念要求教师由传统的知识传授者转变为幼儿学习的支持者，要求人人都是管理者。因此，班级管理时教师必须由权威观念向服务观念转换。班级活动的设计和组织安排，班级管理者要大胆放权，由权威的前台走向服务的后台，让孩子、家长都走到班级管理的前台来，这样班级管理才能收到事半功倍的效果。

3. 规划开放自取、丰富有序的教学空间，让幼儿做环境的主人

幼儿的学习与发展是在与周围环境、材料的互动中实现的，教师应依据幼儿的兴趣，运用整体规划原则将活动室布置为多个活动区，如语言区、认知区、角色区、美工区、音乐区等。每个活动区都提供数量充分、种类齐全的玩具及操作材料，其中材料物品的摆放是开放的，学习资源框架结构可以移动并便于物品分类和幼儿自由观察、取用与学习。提供的学具、材料应有挑战性，符合幼儿兴趣及能力发展，并随课程内容定期更换。

4. 制定师生共同遵守的班规，让幼儿学会管理自己

要管理好一个班级，必须有良好的常规。俗话说："没有规矩，不成方圆。"如果一个老师仅仅只热爱他的学生，而没有常规，没有教育、引导，班级就会像一盘散沙。因为无序的班级常规，幼儿往往不知道该做什么，怎样去做，教师也不知道期望的是什么，应该怎样做会更好。我们知道幼儿是教育活动的主体，因此在制定班级常规时，教师应和幼儿共同讨论：哪些行为是班级所接受和赞赏的，哪些行为是班级所不允许、应该被禁止的，违反班规的结果将会如何，教师要尽量让每一个幼儿都有参与讨论、表达意见的机会，然后根据讨论的结果，师生共同制定全班遵守的班级常规。常规一经订立就要共同遵守，教师也不例外，若要改变班规也需要征求大家的同意。

三、在班级管理中教师还应注意的问题

1. 常抓不懈

幼儿常规的培养并不是几星期、几个月就能达到最终目标，因为随着幼儿年龄的增长，对他们的要求也会越来越高。我们必须坚持日日规范、周周规范、月月规范，绝不能时而严，时而松，因为这样不但不利于常规的培养，反而让孩子更难去规范自己的学习习惯和生活习惯。只有坚持不懈，持之以恒，并且班级教师之间形成合力，才能在幼儿一日常规的培养上取得实效。

2. 集体教育活动中注意策略

（1）语言生动，表情丰富。教师应根据上课的内容，变换语气、语调和表情，有的老师，不管上什么课，从头到尾都是一个表情，一个语气、语调，久而久之，不说孩子，就是大人也会没了兴趣。特别是在讲故事的活动中，我们要根据故事的内容变换表情，模仿里面的人物说话，这样，就会紧紧抓住幼儿的注意力，根本不需要你不停地去维持纪律。

（2）在活动设计上要有趣味性。这就需要教师在上课前多下功夫，怎样将内容设计得更有趣，孩子更喜欢，将学习同幼儿操作和游戏结合起来会更有效。

（3）在活动中使用教具玩具。直观、形象的教具玩具最容易抓住孩子的注意力，教具玩具运用得当，可以帮助孩子更好地理解、思考，调动幼儿学习的主动性，促进师幼互动，提高课堂效率。所以，提倡大家在现有的教具玩具缺乏的情况下，利用废旧材料多自制教具玩具，让我们的各种活动变得轻松、高效。

3. 提高自身素质

老师在要求幼儿的同时，要严格要求自己，要不断学习，更新观念，提高个人素质，认真领会《指南》的精神。在幼儿一日生活中，我们要时刻关注幼儿，用我们的爱心、细心、耐心认真对待每一位幼儿。教师之间要及时地沟通、交流幼儿的情况，遇到特殊情况大家共同解决，不相互推卸责任。做到这些，我们在班级管理中就更得心应手，游刃有余。

总之，教师应为幼儿积极创造一个肯定、激励、民主、宽松的氛围，

以形成良好的班风、学风，让幼儿学会学习，学会创造，学会生存，最终学会做人。

参考文献：

[1] 中华人民共和国教育部. 3—6岁儿童学习与发展指南[Z]. 2012.
[2] 喻琴. 幼儿园班级常规管理策略谈[J]. 家庭与家教（现代幼教），2009（3）.

论培养幼儿良好的行为习惯

罗文俊　甘孜州康定市新都桥镇幼儿园

【摘　要】习惯是一种长期形成的思维方式、处世态度，是由一再重复的思想行为形成的。良好习惯的养成对人的一生发展都至关重要，好的习惯将会使人受用一生。要培养一个人良好的行为习惯，必须从小抓起。幼儿正处于人生的初期，可塑性强，自控能力差。幼儿既是养成良好行为习惯的关键时期，又是沾染不良行为习惯的危险阶段。我们如果不适时培养幼儿良好的行为习惯，便会错失最佳时期。坏毛病难改，习惯成自然。总体而言，幼儿良好的行为习惯发展，离不开成人的引导和教育。在教育的过程中应采用科学的、适宜的教育方法，循循善诱、循序渐进地引导和促进幼儿行为习惯的培养。

【关键词】幼儿　行为习惯

在一次诺贝尔奖的颁奖会后，一位记者采访了一位获奖者。记者问："请问教授先生，你是在哪所大学、哪个实验室学到了你认为最重要的东西的呢？"白发苍苍的老教授不假思索地回答道："我是从幼儿园学到的。""在幼儿园能学到什么呢？"记者不解地追问。老教授侃侃而谈："我在幼儿园学到饭前便后要洗手；午饭后要休息；做错了事要承认，并表示歉意；要把自己的东西分一半给小伙伴；不是自己的东西不要拿；东西使用后要放整齐；要细心观察事物……"老教授近似玩笑的话，道出了一个真理：一个人的良好习惯正是从小通过训练养成的，同时也说明习惯养成教育是影响一个人一辈子的教育。好习惯可以引导人走向正确的人生道路，可以决定一个人的处事态度和做人原则，可以决定做学问的态度和人生的进退。行为心理学研究结果表明：3周以上的重复会形成习惯；3个月以上的重复会形成稳定的习惯。即同一个动作，重复3周就会变成习惯性动作，形成稳定的习惯。改变对事物的认识比较容易，而要改变多年形成的习惯却是困难的。就如叶圣陶先生所说：凡人生所需之重要习惯、性格、态度多半可以在六岁以前培养成功。因此要抓住幼儿形成良好行为习惯的关键期，来培养幼儿的良好习惯，为幼儿的成长提供必备条件，为幼儿一生的发展打好基础。"少成若天性，习惯如自然。"习惯的力量是巨大的。习惯养得好，终生受其益，习惯养不好，终生受其累。可见幼儿良好行为习惯培养的重要性。

一、幼儿不良行为习惯的具体表现

幼儿不良行为习惯的产生，主要来自家庭和社会。在幼儿期，如果成人不注意对孩子不良行为进行控制，任由孩子随意而行，就有可能使孩子养成坏习惯。事实证明，坏习惯一旦养成就很难纠正，要纠正一个坏习惯远比形成一个好习惯难得多。不少家长教师为孩子的种种不良习惯十分烦恼，在教育上感到困惑，究其原因大多是由于在孩子的早期教养中忽略了良好习惯的培养与训练，使以下这些不良行为逐步形成习惯。

1. 早晨爱睡懒觉

幼儿爱睡懒觉，早晨不能按时起床，这是家长面临的一大难题。这样的孩子一般也同时存在晚上不能按时上床睡觉的情况。

2. 偏食、厌食

偏食是指儿童对饮食挑剔或仅吃几种自己喜欢或习惯的食物，是一种不好的饮食习惯，既不利于营养的摄入又不利于发育。儿童厌食症是指由生理原因和心理因素引起的饮食障碍。生理原因，如体内缺乏某些元素，胃酸分泌减少以及各种疾病等。但相当一部分是由心理因素引起的，如失去母爱，受到惊吓，生活环境突然变化，家长教育方式不得当等。

3. 不爱洗脸、刷牙

学龄前的小孩子不明白为什么要洗脸、刷牙，在他心目中只觉得模仿大人的行为好玩。孩子4岁半后才能把脸洗干净；6岁左右才会洗澡。因此，家长应在孩子对洗脸、刷牙充满好奇心的初期，就开始引导、帮助他洗脸、刷牙并且一定要有耐心。注意不要逼迫孩子这样做，不然就会使孩子产生受惩罚的体验，会对洗脸、刷牙不感兴趣，慢慢就会养成不爱洗脸、刷牙的习惯。

4. 乱扔东西

有的孩子总是爱乱扔东西,把东西弄得满屋都是,大人总是要跟在后面收拾。也有的孩子会将自己的东西放得整整齐齐的,不用家长操心。无论哪种行为都不是天生的,而是从小培养的。孩子在 2 岁左右是总喜欢把玩具和东西捡起来交给家长,这是想证明自己能干,以博得家长的夸奖。一般来讲,孩子从小没有自己收拾东西的习惯,如果家长不注意对孩子从小培养,而是包办代替,以后就会影响孩子的独立生活能力。

5. 不愿上幼儿园

孩子上幼儿园是离开家庭走向社会的关键一步。孩子进入幼儿园后,需要改变以往的生活习惯,不能像在家里一样想干什么就干什么,必须服从老师,也不能独占玩具、睡觉、吃饭、排便等生活方式都变化了。家长如果能够巧妙地运用这种变化,来开导、激发孩子对环境的适应能力,就能使其在心理上、行动上提高一步。相反,如果家长忽视这种变化,特别是在家里骄纵任性、依赖性强的孩子到幼儿园后会遇到许多困难。

6. 好发脾气

婴儿一出生,就经常大声哭闹,手脚乱动,这种孩子容易形成暴躁的性格。但是大多数孩子脾气暴躁是后天形成的。其原因很多,溺爱、百依百顺、有求必应会使孩子脾气越来越暴躁。假如家长对孩子的合理要求也是拒绝,使他的欲望总是求而不得,也会使孩子变得脾气暴躁,有时还会产生怀恨心理。

7. 随意拿别人的东西

孩子在成长过程中,总会有这样那样的过失行为,这些过失行为往往带有很大的盲目性、偶然性、试探性和好奇性。偷拿东西也是一种过失行为,但是学龄前的儿童不具有"偷"的概念。

二、培养幼儿良好行为习惯的原则

1. 良好习惯的培养开始得越早效果越好

早有两个含义:一是从小抓起,及早进行训练;二是严格约束、管教,越早对孩子心理伤害越小,不易留下阴影。

2. 最基础的习惯最重要

培养孩子以爱心为基础的待人接物的做人习惯、以创新为核心的学习习惯、以规则为核心的做事习惯，这都是成才必备的基础。

3. 各种教育力量必须协调一致

除了家庭环境之外，学校、社会环境对孩子的要求也应力求保持高度一致。

4. 习惯的养成要经历被动—主动—自动的过程

只有当达到自动化时才算形成习惯，因此，在训练孩子良好习惯时，很多时候都必须从强制要求开始，由被动转变为主动，再由主动转变为自动。在不同年龄段，对孩子行为习惯的训练也有不同的要求。

5. 习惯养成不仅着眼于当前，而且要着眼于将来

要从利于孩子终生发展的理念出发，通过习惯的养成使他们具有持续发展的能力。

6. 榜样的力量是无穷的

父母、老师应以身作则、言行一致，为孩子树立光辉的榜样。要求孩子做到的，父母、老师应该首先做到。只有如此，才能让孩子感受到所学的道德准则是可信的、有用的，从而激励孩子积极行动，付诸实践。

三、幼儿良好行为习惯的培养

1. 小事中培养幼儿良好行为习惯

习惯养成训练无小事，从一些小事（如洗手、吐痰、过马路看红绿灯等）可以看出一个人、一个民族、一个国家的文明程度。因此必须从小事抓起，从细节中培养，长期坚持。教师的一举一动，都要做孩子的榜样，因为儿童是富于模仿的，看到好的举动，就得到好的印象，看到不良举动，就得到坏的印象。所谓"与善人居如入芝兰之室，久而不闻其香，与不善人居，如入鲍鱼之肆久而不闻其臭"。在日常教学中，教师应注意从小事着手，给孩子起到示范的作用，教育幼儿养成良好的行为习惯。创造一个整洁、干净、优美的环境便是在培养幼儿不随便乱扔垃圾的良好习惯；美化教室、使教室的摆设整齐、有条理、有艺术感便是在培养幼儿学会整理的良好习惯；教师言行的规范，也是在影响幼儿养成良好的习惯……这些细小情节都在默默地帮助老师培养幼儿良好行为习惯。

2. 日常生活中培养幼儿良好行为习惯

凡是幼儿能够自己做的,都应该让他们自己去做。凡是幼儿自己能够想的,应当让他自己去想,适当给予引导。最危险的,就是儿童没有尝试的机会。父母和教师切不可一手包办,或横加干涉,应当从旁观察,相机指导、鼓励。我们鼓励幼儿在上学放学途中自己背书包,这既锻炼了孩子的体质又培养了幼儿的独立意识。午餐时,我们鼓励幼儿自行进餐、细嚼慢咽、不挑食、不剩饭菜等,这些都培养了幼儿良好的进餐习惯。午睡时,引导幼儿学会自己穿脱衣裤,自己学会叠被子,养成自己的事情自己做的良好习惯。不管是哪个环节,只要在幼儿需要帮助时找准切入点,从大处着眼、小处着手,给孩子尝试的机会,这些都利于培养幼儿良好习惯。

3. 实践中培养幼儿良好行为习惯

对幼儿来说,理念上的说教他们几乎是不能理解的,不被理解的理念是不可能产生行为的,没有行为就谈不上习惯。所以,只有亲身体验了,感受到了,幼儿才能真正接受。为了培养幼儿的责任心,我们让幼儿学会做小小值日生,让幼儿在实践岗位上去体验和感受自己的责任心,体验自己的劳动会给别人带来些什么。反复多次的行为逐渐就能内化为内在需要,从而形成行为习惯。一般幼儿做事情,开始时凭热情,做得挺好,但慢慢地就会失去热情,这时教师就要激励,正面强化。对于幼儿来说,习惯的培养就是在老师无数次的肯定中得到强化。

4. 家园中培养幼儿良好行为习惯

家园中的教育力量必须协调一致。大多数独生子女都在"四、二、一"(爷爷、奶奶、外公、外婆四个祖辈;父亲、母亲两个父辈;一个孩子)的家庭环境中成长,集三家六人宠爱于一身。在行为习惯的培养上,成人之间作一致要求,才能让孩子养成良好行为习惯。在幼儿园中,教师对孩子的要求也应力求保持高度一致,加强与家长的联系,达到家园互动、家园同步教育,好让幼儿在幼儿园培养的五天的良好习惯,在双休日之内不被破坏。这就是我们为什么一再要强调家园联系、家园互动、家园同步教育的原因。

5. 欣赏中培养幼儿良好行为习惯

陈鹤琴先生说过:"一切的一切,你要用鼓励的方法来控制儿童的行为,来督促儿童的求学。消极的制裁不会发生多大的效果,有时候反而容易引起他的反感。"老师、家长正面鼓励、欣赏幼儿,这才能更好地强化他们良好习惯的养成。

总之,幼儿良好行为习惯的养成是循序渐进、反复的一个过程,需要幼儿园、家庭、社会共同努力,为幼儿创造一个有利于养成良好行为习惯的氛围,在良好行为习惯的环境中不断熏陶,逐步养成各种良好行为习惯,为孩子的终身发展奠定良好的基础。另一方面幼儿园也要多向家长宣传科学的教育方法,提高家长的参与性,家园合力一起来培养幼儿形成良好的行为习惯。另外,我们也要强调父母的一言一行都会潜移默化地影响和熏陶孩子,家长一定要以身作则为孩子树立良好的学习榜样,规范孩子的行为习惯。因为这一时期的孩子爱模仿,他们首先会模仿父母。希望孩子讲文明懂礼貌,家长就不能说脏话。要求孩子玩完玩具收回原处,家长在生活中就要做到有条有理,东西不能乱扔乱放。人的各种习惯不是天生的,而是在后天学习生活环境中实践逐步形成的,一旦形成就不容易改变。改变对事物的认识比较容易,而要改变多年形成的习惯却比较困难。幼儿刚开始参与生活、从事学习,因此幼儿时期是形成各种良好习惯的重要时期,必须十分注意防止不良思想和行为对孩子的影响,帮助孩子从小养成良好的行为习惯!

参考文献:

[1] 凡喆一芬. 中国古今教育家[M]. 上海:上海教育出版社,1985.

[2] 李莉. 儿童家庭教育指导[M]. 北京:中央广播电视大学出版社,2011.

[3] 曼罗. 里夫. 好习惯就是这么重要[M]. 天津:新蕾出版社,2014.

利用本土文化创设班级特色区角活动

——大班特色区角"带你走进鱼通民俗村"

拥　忠　康定市姑咱镇幼儿园

【摘　要】现阶段，我国越来越重视民族文化教育和本土文化知识教育。在幼儿阶段，开展本土文化教育，能够使幼儿对本土文化产生浓厚的兴趣，感受家乡的变化和发展，引导幼儿实际感受祖国文化的丰富和优秀，激发爱家乡、爱祖国的情感。我们立足民族地区实际和本镇的特色，强调从幼儿生活出发，尊重幼儿发展规律，关注幼儿需求兴趣，在幼儿园内创造具有本土内涵的教育氛围，合理利用环境教育优势，在挖掘本土化教育的课程基础上创设班级特色区角"带你走进鱼通民俗村"。

【关键词】本土文化　特色区角　鱼通民俗村

一、本土文化区角活动对儿童的发展意义

家乡是幼儿生活、成长的地方，是幼儿教育不可缺少的资源。我们立足民族地区实际和本镇的特色，强调从幼儿生活出发，尊重幼儿发展规律，关注幼儿需求兴趣，在幼儿园内创造具有本土内涵的教育氛围，合理利用环境教育优势，开阔幼儿眼界，丰富幼儿的经验，使幼儿更加关心自己的家乡，了解家乡，爱家乡，把珍贵的家乡文化传承下去。

为了适应今天幼儿园的发展趋势，为幼儿开发多元化的游戏活动。《幼儿园教育指导纲要（试行）》中指出"为幼儿的探索活动创造宽松的环境，让每个幼儿都有机会参与尝试，支持和引发幼儿的操作摆弄、探索、实验、制作等活动，引导他们通过自己的发现主动建构有关的知识经验"。我们大胆将本土文化融入班级区域活动，创设了"带你走进鱼通民俗村"的特色区角游戏。

二、鱼通本土文化特色

我们的家乡康定市姑咱镇在地理位置上位于青藏高原最东部大渡河

上游河畔，这里生活着这样一支自称为"鱼通"的特殊的族群，这是一个充满了神秘色彩的族群，这里有着独特的地貌风光，气候温和、物产丰饶，长期流传下来的独有的藏羌民族文化遗产绚丽而珍贵。这些作为家乡的本土资源为孩子的学习提供了活生生的教材。

　　家乡的藏羌人又被称为鱼通人。他们习惯住在山梁的平台处泥木石结构的碉楼；身着自己缝制的蓝布长衫，头上用五彩发辫绑戴一匹黑布绣花"搭搭帕"，腰上系着黑底绣花围腰帕。鱼通，气候温和，物产丰富，这里盛产樱桃、核桃、苹果、各种野菜、花椒等。鱼通人有腌制酸菜、腊肉，做玉米金裹银的好手艺，代代相传。

三、本土文化与大班特色区角创设

　　由于家乡经济建设的需要，很多鱼通人搬离了自己祖祖辈辈生活的地方，聚集到了附近的城镇，孩子们对长辈原来的生活方式既熟悉，又陌生（比如：他们知道土灶需要生火才能煮饭，但他们没有尝试过；他们的奶奶一年四季都会穿着民族服饰，但他们一次也没穿过……）。为了使本土文化教育在幼儿园得到升华，在利用本土文化园本课程的开发和实施的过程中，我们积累了很多可运用于幼儿实践操作的游戏活动。在幼儿的学习游戏中我们做了进一步的观察和思考并依据幼儿园区角活动的创设理念遵循"区角游戏活动的安排、设计，环境的创设，材料玩具的提供，要适合幼儿的年龄特点，考虑其已有的生活经验及能力，使幼儿在原有基础上得到发展；区角游戏的设计与指导应体现层次性和循序渐进性"。根据区角活动的适宜性及发展性原则，以及大班幼儿的年龄特点，将"走进鱼通民俗村"创设了六个大区角，分别是：漂亮的鱼通服饰（鱼通创意工作室、鱼通服饰加工厂、鱼通服饰专卖店）、鱼通影像、鱼通寨子房、我是鱼通人、鱼通特产、鱼通人家。

（一）漂亮的鱼通服饰

　　鱼通服饰特点鲜明：以蓝色黑色为主，头帕上的花朵、锯齿状的图案、彩色的辫子、围腰上的双层花朵。这些都是孩子们比较熟悉的。因此我们首先创设了"漂亮的鱼通服饰"区。服装是怎样制作的：首先要进行设计，然后剪裁加工，最后送到成衣店售卖。根据这一线索，在"漂亮的鱼通服饰"区，我们设计了"鱼通创意工作室""鱼通服饰加工厂"

"鱼通服饰专卖店"三个小区。幼儿在工作室里根据已有经验进行服饰设计，大班的孩子已经能够利用线条进行大胆的构图、画面布局、颜色搭配的能力完全能让孩子完成设计和创新。设计需要独立的空间供幼儿创作，我们利用纸箱制作各办公桌的隔板，活动时将幼儿的桌子用隔板隔开就变出了创意工作室，在工作室里提供了白纸、彩铅、尺子、模特、创意平板等，幼儿将白纸插入创意平板就可以模仿白领进行设计。设计好的图纸拿到加工厂，工人开始裁剪、加工，在鱼通服饰加工厂，我们为孩子们准备了服饰样品、各种原材料（塑料针、塑料鞋垫、毛线、裁剪好的黑色卡纸、彩色纸、剪刀、胶棒、双面胶等），提供一部分半成品（剪好的锯齿，花朵），幼儿可以根据自己的愿望选择不同的材料进行操作。我们利用矮柜将设计室与加工厂进行分隔，不仅避免了相互干扰，还可以利用矮柜摆放加工厂的材料。服饰加工完成后送到成衣店进行售卖。服饰专卖店提供各种服饰成品：长衫、头帕、裙子、围腰、辫子。长衫比较长，因此我们模仿服装店将长衫挂在墙上进行展示，充分利用空间，既可以让墙面更漂亮，也能让孩子们体验用晾衣竿取放衣服的乐趣，增加活动的趣味性。围腰和辫子挂在衣柜的架子上，鞋垫放在衣柜的小格间里，头帕展示在模型头上，同时还制作了试衣间，增加了服装店的真实感，使孩子们感觉真的走进了服装店。

（二）鱼通影像

鱼通不仅有漂亮的服饰，还有特别的建筑物"寨子房"，风景也特别优美。来到我的家乡不留下一些回忆会特别遗憾，照相馆"鱼通影像"便诞生了。照相馆里有创意照相机、打光板、照片陈列柜、背景图、暗室，摄影师给顾客照相，助手拿着打光板配合，照了照片就要冲印，于是创设了洗印室，我们模仿相馆里的暗室，让孩子们在暗室里"冲洗"照片，创设真实的游戏情景，让孩子们在与环境的互动中提升生活经验。买了漂亮的鱼通服饰，还可以到照相馆拍照，所以我们将这两个区安排在一起并利用两个区的试衣间进行分隔。

（三）我是鱼通人

鱼通服饰这么漂亮，每天看着奶奶穿着长衫，我是鱼通人，我也想像奶奶一样穿上长衫、戴上头帕、系上辫子、拴上围腰，做一次真正的鱼通人。"我是鱼通人"区角内陈列着各种颜色的长衫、若干头帕和围腰、各色长短粗细不一的辫子供幼儿选择。在这里，小朋友可以根据自己的意愿挑选自己喜欢的服饰让同伴给自己打扮，也可以帮同伴打扮。鱼通服饰穿着比较麻烦，对于孩子们来说有一定的困难，因此，我们将穿着的顺序用图片展示出来，这样孩子们看着图片就能完成任务。虽然刚开始动作会比较笨拙，穿戴的效果不会很好，但孩子们不会因此而灰心，他们会乐在其中，乐此不疲。打扮好了，还可以到照相馆去拍照。所以"我是鱼通人""鱼通影像"也是紧邻的两个区角，并以鱼通影像的照片阵列柜进行半开放的分隔。另外，鱼通服饰专卖店、鱼通影像、我是鱼通人这三个区会有互动。所以，在这几个区角会有排队等候的情况，如果进区卡袋已插满，其他想进区的小朋友就要排队等候，让孩子们感受做事要守规则，培养他们初步的规则意识。

（四）鱼通寨子房

鱼通的建筑也富有特色，藏羌人习惯住在山梁的平台处，泥木石结构的碉楼分五至七层，从下往上逐渐缩小，至今鱼通人住房有所改变。住久了楼房，让我们来建造家乡的寨子房吧，冬暖夏凉，住着特别舒服。对于寨子房有一部分孩子不陌生，但是有一部分孩子却没有这样的经验，因此我们在材料的投放上除了为幼儿准备大量的建构材料（用纸箱包装的"石头"）、皮挑（孩子可以模仿用皮挑背砖块到工地）外，在建构区的墙上还张贴了很多寨子房的图片，帮助幼儿建构寨子房的经验。

（五）鱼通特产

我们的家乡——鱼通，气候温和，物产丰富，其中仙桃最是特别，它是仙人掌的果实，虽然满身都是刺，但奉献给我们的却是甜甜的果实，它是造物主特别送给鱼通人的礼物，沿着大渡河往上或往下都没能发现它的踪迹。除了仙桃，我们的家乡还盛产樱桃、核桃、苹果、各种野菜、花椒等。每当仙桃、核桃、樱桃、苹果成熟的季节，村民们就会用背篓背着这些东西从山上来到集市上售卖，他们没有固定柜台，只能用背篓当作临时柜台蹲在集市上固定的售卖区售卖。有时，下午还没有卖完，他们就会背着背篓、端着烧箕沿街售卖，这些都是孩子们经常看见的。因此在鱼通特产区材料的投放上，我们只准备了一个售卖柜台，若干背筅、篮子、筲箕，还有秤，让孩子们通过活动体验父辈们劳动的辛苦，教育他们要尊重劳动者及他们的劳动，培养幼儿爱家乡，爱劳动者的情感。

（六）鱼通人家

鱼通的服饰漂亮，鱼通的建筑特别，鱼通的特产丰富，鱼通的美食更是让人挪不动脚。人们说"三天不吃酸，走路打窜窜"，圆根酸菜用坛坛泡，猪膘腊肉高高吊。酸菜是鱼通人的最爱，酸菜豆豆、酸菜汤汤、酸菜面块是鱼通人餐桌上不可缺少的食物。土豆炒腊肉、大白豆炖猪蹄也不差。金裹银是什么？就是玉米面和大米和在一起蒸的饭，鱼通人个个身体强壮，就是金裹银的功劳。这就是鱼通的美食，流口水了吧！没关系，你可以到鱼通人家品尝用土灶烹饪的地道的鱼通美食。在鱼通人家，我们投放了各种家乡"食材"，根据寨子房厨房的布置造了土灶、水缸等，结合餐馆的需要投放了操作平台、出菜窗口、餐桌、菜谱等，创设了一个土菜馆的情景，让孩子们在游戏中体验大人们的生活的同时，进一步了解家乡的美食，培养幼儿爱家乡的情感。

我们通过多年的挖掘，将幼儿园本土文化融入并创设出了富有本民族特色的班级区角活动，本地的乡土资源唾手可得、取之不尽，乡土材料从幼儿的生活经验出发，是幼儿每天都能看得见，摸得着的内容，有利于促进幼儿积极主动地学习、探究，开发他们的创造力，培养他们健康活泼、勇敢自信的品质，激发他们爱家乡、爱大自然的美好情感。因此，我们应充分利用农村自然资源，将乡土材料搬进课堂搬进游戏，为幼儿园的活动增添更多的活力。

参考文献：

[1] 董旭花，刘霞. 幼儿园创造性游戏区域活动指导[M]. 北京：中国轻工业出版社，2013.

[2] 王翠霞，阎莉. 幼儿园自主性学习区域活动指导[M]. 中国轻工业出版社，2013.

基于绘本的幼儿阅读能力培养探索

吴利华　三台县潼川二幼

【摘　要】幼儿的早期绘本阅读行为，能使幼儿通过听和说获得更多口头语言能力的发展，启蒙于早期接触书面语言的阅读能力。3~6岁是人的阅读能力发展的关键期，在这个时期孩子需要逐步养成良好阅读的习惯，逐步形成自主阅读的能力。

【关键词】幼儿园　绘本阅读　活动设计

绘本阅读是幼儿学习书面语言的主要语言行为，是儿童开始接触书面语言的最早途径。很多幼儿园的语言教育侧重幼儿的口头语言发展，忽视了对幼儿早期绘本阅读的研究。这几年来，国际国内教育界都重视和加强了对幼儿早期绘本阅读的探讨。普遍认为幼儿的早期绘本阅读行为，能使幼儿通过听和说获得更多口头语言能力的发展，启蒙于早期接触书面语言的阅读能力。因此，我们更应适当重视幼儿早期绘本阅读能力的培养，根据幼儿的年龄特点，通过游戏活动来培养幼儿对绘本阅读的兴趣。

那么我们应该怎样引导幼儿进行绘本学习呢？从2013年至今，我园与南京宁谊早教中心合作四年时间，共同研究国家级课题——幼儿园早期绘本教学研究。针对传统阅读中注重让幼儿识字的误区，我们确立了"让每个孩子都爱上阅读"的教育目标，挖掘多彩的绘本阅读资源，开展丰富的阅读活动，以培养幼儿喜欢绘本、喜欢阅读的学习品质。在此目标的指导下，我们以教研组、班组为单位，成立课题研究小组，制定了课题计划，形成了幼儿园有大课题、教研组有子课题、班级有专题的研究局面。通过学习与研讨，全体研究人员能了解课题、知晓目标、相互协作、共同提高。几年下来，我园幼儿对绘本阅读的兴趣大增，阅读能力有很大提升。

一、幼儿园为幼儿创设阅读区角，建立明确的阅读区规则

绘本阅读区角选择在班级相对安静的区域，设置便于取放的图书架，让幼儿能利用一日各衔接环节（如区域活动、餐点后、离园前等时间）随时可以接触图书。幼儿可以和同伴一起坐下来阅读，来获得认同、接纳，同时可以借鉴同伴的阅读经验。

如果说兴趣是引起幼儿行为的内部动机，规则则是约束幼儿行为的外在要求。为使阅读区的活动安静有序，我们应将图书区设在光线好、安静的地方，并建立阅读区的规则。采用切实可行的操作方法，培养幼儿掌握正确阅读技能，教会幼儿阅读技能、方法是非常重要的，它是幼儿阅读活动的前提。

1. 按顺序看书，掌握看书方法

指导幼儿学习阅读活动时，要帮助幼儿掌握翻阅图书的经验，掌握一般的图书的规则方式。在幼儿看书时要求幼儿一页接着一页看，到了大班幼儿已认识 1~10 的阿拉伯数字，所以可以教他们掌握看书方法并养成习惯。

2. 学习按从左到右，自上而下的顺序看书

（1）限制阅读区看书的人数以保证安静阅读。
（2）看书时要看完一本再拿一本，不与别人争强图书。
（3）看书时不能大声讲话，以免影响他人。
（4）要求幼儿注意用眼卫生，坐姿要端正。

在看书过程中，幼儿亲自感受到图是一页一页组成，故事是由一幅画一幅画有序地接下去看，才能知道故事内容。帮助幼儿读懂图书内容的经验，会看画面，能从中发现人物表情、动作、背景，将之串联起来理解故事情节。

二、结合幼儿的年龄特点和我园的实际情况，探索幼儿早期阅读能力培养的方法

（一）创设愉悦的环境，激发阅读的兴趣

幼儿园阅读活动中创设良好的阅读环境是至关重要的，向幼儿提供含有较多阅读信息的教育环境，不仅能激发幼儿的阅读兴趣，还能巩固

阅读效果，让幼儿在丰富的阅读环境中，充分感受书面语言，潜移默化地接受有关方面的语言知识，主动去探索、发现，以获得成功的体验。

为幼儿创设阅读环境，绘本阅读活动重在为幼儿提供阅读经验，提供含有较多阅读信息的教育环境。因而，在幼儿园的活动室里，我们还为幼儿创设阅读书面语言的环境，根据幼儿认知特点，在他们的生活用品、摆放的物品、活动地方、出入口处使用幼儿理解的标记、符号、文字、句子。教师还要为幼儿创设听说游戏、谈话活动、讲述活动、和文学活动。在这些活动中幼儿可以听听唱唱自己学习的儿歌、歌曲，讲讲自己听过或看过的故事，还可以表演故事，或以绘画的形式来表达自己的心情或想法。通过这些听、说、读、写活动，让幼儿感受阅读的无穷乐趣，从而提高早期阅读的兴趣，开展灵活多样的活动，帮助幼儿掌握绘本阅读的技能。

幼儿早期阅读能力的形成，除了引导幼儿热爱阅读、懂得书面语言的意义以外，在幼儿园里必须根据幼儿的年龄特点开展一些丰富多彩的阅读活动，帮助幼儿掌握一些必要的阅读技能。帮助幼儿学习阅读图书，增长阅读的能力。

（二）运用丰富多彩的形式，开展真实有效的绘本阅读游戏活动

根据我园绘本阅读教育的阶段性目标，有目的地对幼儿阅读能力进行了系统的培养，我们开展了一系列的幼儿喜欢阅读活动，使每个幼儿的阅读能力在不同水平上获得了发展。

1. 小组阅读

小组活动是一个相当经济而且有效的活动，它可以集中于某一焦点上，也可以了解并修正幼儿的一些错误的技能或认知。有的幼儿在家中接受课外书较多，掌握了阅读的方法，懂得了不少的知识；但相当一部分学生只是看看画面，收效不大。原因主要是他们孤立地读书，有一定的阅读障碍，缺少了同伴间的相互"切磋"、相互合作。针对这一情况，指导幼儿学会小组合作阅读的方式就大大加强了幼儿之间的合作。

2. 集体阅读

集体阅读是目前幼儿园语言教学的主要教学形式，相对集中的阅读形式。先由教师展示大书示范阅读，初步理解内容的基础上让小朋友集

中，每人一本小书阅读。教师可以全面观察多数幼儿的活动情况，便于集中指导。

3. 自主阅读

教育家郭思乐在《教育走向生本》一书中提出："不给儿童过多的干预，而给他们学习尽可能多的自主，就会出现此时无声胜有声的美妙境界，他们的学习天性就会喷发出来，就会获得我们意想不到的效果。"因此，我们一直在探索幼儿自主性阅读学习的有效方法和策略，真正让幼儿做学习的主人。自主阅读要以幼儿自主选择为基础，有了选择才有自主，自主其实就是给孩子更多适宜的选择权，体现更多的人性支持和人文关怀。

幼儿自主选择阅读内容，老师会追随幼儿的兴趣，观察幼儿的阅读兴趣，与幼儿一起选择适宜的阅读内容；幼儿总有自己比较喜欢的阅读类型，如有的喜欢阅读故事类绘本，有的喜欢阅读科普类绘本，有的喜欢儿歌类绘本。因此在阅读活动中，我们会提供多种类型的阅读绘本以供幼儿自主选择和阅读。

三、家园互动的亲子阅读，指导家长掌握方法，有效开展亲子阅读

我园每学期定期举办亲子伴读活动、自制绘本比赛和阅读节家园互动，邀请家长参加培训、比赛等活动，提升家长的教育理念，提高家长进行亲子伴读的积极性。我们还曾多次邀请我国幼儿绘本教育专家到我园进行专题讲座，他们用生动的实例，向家长介绍大量优秀的图书，让家长理解亲子阅读的重要性。在我们的积极引导下，家长们都会积极参与亲子自制绘本比赛，幼儿自己编故事，家长帮助绘画、涂色、制作成绘本。虽然很多作品还很稚嫩，但幼儿看到自己的作品，拿到幼儿园发的奖状，孩子们的自豪感油然而生。

我们鼓励父母在家里应尽可能多地和孩子在一起看书，做孩子的阅读榜样。同时，还可经常与孩子在一起交流读书的方法和心得，鼓励孩子把书中的故事情节或具体内容复述出来，把自己的看法和观点讲出来，然后大家一起分析、讨论。如果经常这样做，孩子的阅读兴趣就可能变得更加浓厚，同时孩子的阅读水平也将逐步提高。因此，我们提倡亲子

阅读，让阅读真正走近孩子，走近父母，并渗透到他们的心灵。我们向家长发出阅读倡议，为家长推荐孩子喜爱的课外阅读的书目。我们倡导家长"从每天给孩子读一个故事"开始亲子阅读；我们还通过"亲子课堂"的形式，在家长和幼儿间建立互动的阅读关系；通过观摩活动，我们及时向家长展示了一些有效的互动阅读关系以及做法。主动和家长交流，帮助他们建立正确的阅读观念，激励和帮助幼儿获得良好的阅读教育，用自己的专业素养带动个别具有随意性、差异性的家庭教育。

绘本阅读有助于提高儿童的语言表达能力；有助于促进儿童品格的健康发展；有助于儿童形成图像思维方式，丰富儿童的想象力；有助于培养儿童的探究能力；有助于增进亲子感情，促进儿童身心健康发展；有助于培养儿童的美感和审美能力有助于让孩子扩展知识面，促进儿童全面发展。

绘本故事横跨国界穿越各种文化背景，透过文字与画面，孩子得以进入不同的世界。家长或老师还可以利用绘本的优势，让孩子在零压力的情况下，带着好奇、兴奋的心情，融入绘本的故事情境，并透过有意义的提问和引导，培养孩子逻辑思考、预测推理的能力，以及听说读写的语言能力。

3~6岁是人的阅读能力发展的关键期，在这个时期孩子需要逐步养成良好阅读的习惯，逐步形成自主阅读的能力。怎样培养幼儿具备这种能力和习惯呢？这就需要我们幼儿教师及孩子的父母更新教育的观念，树立现代、正确的儿童观和教育观，用现代、科学的教育理念指导教育行为，根据幼儿阅读能力发展的过程与规律，对幼儿进行正确和有效的引导。

参考文献

[1] 王津，周兢. 知识类图画书的概念、价值及其阅读指导策略[J]. 学前教育研究，2013（5）.

幼儿园投掷游戏的创新与实施

徐安萍 盐亭县玉龙幼儿园

【摘　要】在课题"山区特色民间体育游戏活动研究"的第三阶段，我们将重点放在乡土体育器材的开发与利用上，针对大班幼儿运动技能发展实际，我们选择将投掷类运动器械的开发作为我班自选项目，并在此基础上进行游戏玩法的设计和创新。结合研究实际，详细介绍几种我们自主设计的投掷游戏及器械开发与运用。

【关键词】民间体育游戏　投掷　器械制作

本期是我园课题"山区特色民间体育游戏活动研究"的第三阶段，本阶段，我们将根据本园教研实际情况，遵循"真实科研、质量科研，有效科研"的课题研究原则，在前期研究的基础上，进行"开展民间体育游戏的创新及和实施途径、方法和策略研究以及乡土体育器材的开发和利用"。具体的研究活动内容定为各班自选体育项目开展。多数班级都是选择的以固定材料开展多种系列活动，例如稻草系列、竹子系列、绳子系列、木系类等等。

《幼儿园教育指导纲要（试行）》中明确指出："培养幼儿对体育活动的兴趣是幼儿园体育的重要目标，要根据幼儿的特点组织生动有趣、形式多样的体育活动，吸引幼儿主动参与。"我班根据上期对孩子们活动的表现的认真观察，发现他们对投掷游戏很感兴趣，考虑到大班幼儿身心发展比较稳定，正是活动能力迅速发展时期，对各项动作能够建立很好的条件反射。同时，对于游戏的动作性、完整性较感兴趣，可以进行较复杂的动作练习。我们也希望发展幼儿的手臂肌肉和小肌肉，提高他们的动作敏捷性和准确性、身体协调性。综上所述，我们最终确定选择了以发展幼儿"掷游"动作为目标来进行材料的开发。下面详细的介绍几种我们设计投掷游戏及器械的制作。

我们经过思考、学习、制作、实践，最后将投掷游戏分出多种形式，设计了多种多样的投掷游戏，再根据每个游戏的需要，制作了大量的器械。先由教师实验制作好成品，向家长展示，并示范讲解清楚器械制作的方法、步骤、材料，再由家长和孩子在家制作简单的沙包、纸球、手榴弹、火箭炮，上交到班级，而老师则承担较为大型的器械的制作。

一、套圈性投掷游戏：套圈游戏

玩法：投掷柱放在地上，孩子们站在距离投掷柱 1.5 米或 2 米的直线（圆圈也行）后，单手持圈，向投掷柱进行投掷，圈投掷中投掷柱为胜利。

器械制作：老师用易拉罐制作了投掷柱，用彩色胶环来进行套圈游戏。易拉罐选择较细长形状的，每个易拉罐里都装上一定重量的细沙或小石子，增加重量。中间用 3 个头尾相连，做出投掷的圆柱，下面用 5 到 6 个同类易拉罐把圆柱围起来，用胶带或绳子把它们固定好，成为投掷柱基座，这样投掷柱就做好了。投掷用的圈，我们选用了不易变形，重量比较均匀的彩色塑料圈，圈有多种大小不同的，根据本班幼儿玩游戏的难易程度进行选择使用。

二、投中型投掷游戏

1. 大嘴巴的动物宝贝

玩法："大嘴巴的动物宝贝"靠墙放置，嘴巴向外，幼儿站在距离 2 米处用纸球投掷，将纸球投进或跳进、滚进"大嘴巴的动物宝贝"的嘴巴都为胜利。

器械制作：老师用空油桶制作"大嘴巴的动物宝贝"，油桶选用的是 10 升的大油桶，在桶身上面剪出一个 20*25 厘米的一个长方形大嘴巴，要距离桶底 10 厘米。大嘴巴的上面贴上卡纸制作的眼睛，侧面贴上两个立体的三角形耳朵，这样就制作出用"大嘴巴的动物宝贝"，给它喂食的，投掷用的纸球是孩子们自己制作的，用 3 到 4 张 A4 纸，第一张用手把它捏成一个小纸团，第二张把小纸团包起来，包成一个球状的，后面一样包起来，最后再用胶带把纸球包好，固定好。

2. 炸碉堡

玩法：利用幼儿园的废旧轮胎玩具当作敌人的碉堡（可用一个轮胎，

也可用两个轮胎重叠起来）。用孩子们制作的手榴弹或者沙包站在距离 1.5 到 2 米的位置来进行投掷，炸碉堡。

器械制作：手榴弹是选用 4 张 A4 纸，一个家用卫生纸的纸芯筒，先把 3 张纸做成纸球，把纸球按在纸芯筒一端，用胶带把它们粘到一起，最后一张要选用特别结实的纸，颜色图案漂亮的更好，用纸的中心部位把纸球包起来，其余的部位顺势包到纸芯筒的筒身上，用胶带把它固定好，注意造出手榴弹的形状。沙包也可以作为此种游戏的投掷物。沙包采用六块正方形的布缝制，在里面装上有点重量的填充物，做成立方体就完成了。

三、击打型投掷游戏：打怪兽

玩法：怪兽纸板架直立在地上，幼儿站立，或者蹲在 2 米处，用手榴弹投掷，进行打击，打到纸板架的为胜利。

器械制作：用纸箱板做成三角形的可以直立的架子，选用比较结实的纸板，正面背面用 40*50 厘米的版面，上面贴上绘有怪兽的图片，可以是奥特曼动画里的怪兽，正面和背面头靠在一起，下面用 15 厘米宽的底座连接，形成一个三角形的架子，做成怪兽纸板架。

四、投空型投掷游戏：发射火箭炮

玩法：投掷架放置在地上，孩子们站在距离 1.5 到 2 米的地方向投掷架上的空心圆进行投掷，成功投过空心圆的为胜利。

器械制作：投掷架用 pc 管、纱幔、塑料圈制作，架子高 180 厘米，上方横梁 100 厘米，做成门洞的样子，下面用 80*100 厘米方形架子，作为底座，连接上门洞部分，制作出投掷架基本部分。在门洞的上部用纱幔蒙上 100*140 厘米的面积，在纱幔的中间固定好直径 60 厘米的塑料圈，塑料圈里的纱幔掏空。一组投掷架可以将中间的塑料圈设置成不同高矮的，利于游戏的开展。火箭炮用酸酸乳一类的饮料瓶制作，饮料瓶清洗消毒，一块 30*30 厘米的彩色布，中间部分对齐饮料瓶口，把饮料瓶包起来，接下来把瓶口部分用细绳紧紧地扎住，把包瓶身的布卷回来和瓶口外的布重叠，用剪刀把布对着瓶口直剪 12 厘米成细条，做成前端是饮料瓶，后端是有漂亮布条做坠子的火箭炮。

我们把这些自主设计的实用投掷游戏实际投入开展活动时，孩子们一开始很喜欢，对每种游戏都兴趣盎然，积极参与活动，可是过一段我们就发觉有的游戏器械设置不合理，同时也出现了有的孩子觉得困难，有的孩子觉得单调，没有多少兴趣了的情况。怎么才能提高投掷游戏活动的有效性呢？我们通过思考、尝试、总结，采用了多种游戏动作、器械结合的方法；创设情景，设计故事情节进行游戏的此类玩法综合创新，效果很好，孩子们的兴趣被大大地激发起来，达到了游戏活动的目的，在此我举例介绍。

　　炸碉堡游戏一开始我们设置的用一个轮胎放地上作为碉堡，孩子们用手榴弹进行投掷，很快我们就发现用纸芯筒和纸球做的手榴弹太轻，弹性好，投进轮胎里面也很容易弹出来，一组10个投掷只能进一两个，这样就大大增加了游戏难度。我们就改为沙包作为炸药包来进行投掷，沙包投进一般就不会跳出来，孩子们的投掷兴趣一下就高涨起来了。我们发现孩子们喜欢用手榴弹，不能用，他们觉得很可惜。接下来我们又进行改进用两个轮胎重叠起来，用手榴弹进行投掷就容易一些了，现在孩子们就能用喜爱的手榴弹进行游戏了。在孩子们对此游戏有些兴趣降低的时候，我们又增加了创设情景，设计故事情节，结合其他的动作训练：我把孩子们分成男孩和女孩两队，分别排列在游戏场地两边，来开展比赛。场地分为4个赛道，每个赛道终点处是两个轮胎重叠的碉堡，(碉堡里有敌人在用机枪在巡视)，起点处放置一个篮子，孩子们从起点出发，在篮子里捡起一个手榴弹，从起点处匍匐前进（为了避免敌人从高高的碉堡里发现我们），爬行6米，到画线处起立（来到碉堡跟前，敌人就看不到我们了），站在线后，向前方1.5米处的碉堡里投掷，投进碉堡里，就是炸死一个敌人，记一分，男孩，女孩轮流每次派4个人进行游戏，两队分别累计分数，到两边都进行游戏完毕，比较分数，分高为胜，此局胜利，比赛3次，3打2胜。

　　这样不断改进下来，游戏设计越来越完善，孩子们越来越喜欢，每次做这个游戏都能看到孩子们的全力以赴，高声加油，取得胜利后全组的欢呼雀跃，我们也惊喜地发觉孩子们有了动作敏捷性和准确性、身体协调性的发展，同伴合作的进步，自信心的提升，这是对我们开展民间体育游戏的创新及和实施途径、方法和策略研究的大大的肯定，我们一定会继续努力地走下去。

参考文献：

[1] 刘晓雯. 基于儿童天性的小幼衔接期教育研究[D]. 北京：首都师范大学，2014.

[2] 于海臣. 儿童精神发展视角下"幼小衔接问题"的审视[J]. 阴山学刊，2015（5）.

[3] 孟繁慧，张代玲. 国内幼小衔接研究综述[J]. 黑龙江教育学院学报，2014（7）.

[4] 张静. 如何顺利进行幼小衔接[J]. 现代交际，2015（1）.

基于儿童视角的幼小衔接问题及对策探析

成 荫　营山县机关幼儿园

【摘　要】本文基于对儿童主体地位的尊重，成人应该认真倾听儿童对幼小衔接的看法。通过对文献资料、儿童绘画作品（针对大班幼儿，绘画主题为"我期待中的小学"；对于一年级学生，绘画主题为"我心目中的小学"）的收集与整理，以及在具体场景下对儿童的访谈，对南充市儿童视角下幼小衔接的现状进行呈现和分析。

【关键词】儿童　儿童视角　幼小衔接

幼小衔接是当前教育领域内的热点问题，广大研究者都认识到幼小衔接的重要性。但是，目前已有幼小衔接研究成果多是以教师、家庭、幼儿园为研究对象，缺乏儿童自己对幼小衔接的认知。而儿童视角开创了一种新的研究取向，它倡导的是一种新型的教育观、儿童观，主张尊重儿童的主体地位，从儿童的角度看待问题。

一、儿童视角下幼小衔接存在的主要问题

儿童从幼儿园过渡到小学，历经环境的巨大变化。根据观察、访谈后对数据的整理与分析，我主要从幼儿园、小学这两大方面分析儿童视角下幼小衔接存在的问题。

（一）幼儿园存在的问题

《幼儿园教育指导纲要（试行）》第一章总则中明确指出幼儿园是学校教育和终身教育的起始阶段。幼儿教育应为幼儿的近期和终身发展奠定良好的素质基础。幼儿园是幼儿过渡到小学的起始阶段，在对幼儿进行访谈和绘画作品分析后，本文发现目前幼儿园在幼小衔接工作中存在以下问题：

1. 幼儿过早接触小学知识，对小学产生畏难、抗拒情绪

从大班幼儿访谈记录和绘画作品中可以看到，目前幼儿园仍存在"小学化"倾向严重的问题，即以小学的方式教给幼儿小学的内容。幼儿园的"小学化"分为显性和隐形两种。显性表面指幼儿端坐静听，教师不断讲解知识。隐形指教师的教育行为中存在着违背幼儿身心发展规律的现象，幼儿失去了学习的主动性。在幼儿园里，特别是民办幼儿园的大班，几乎无可避免地会出现"小学化"现象。除了进行小学式的分科教学以外，这种现象还体现在超额编班，使用的教材、教辅资料枯燥、文字居多，幼儿户外活动时间少等问题上。《幼儿园工作规程》中明确指出各年龄段班级人数一般为：小班25人，中班30人，大班35人，混合班30人。但实际上大多数民办幼儿园特别是农村幼儿园都存在超额编班的问题，人数一多，师资力量、硬件条件有限，就必然导致趋向于小学的课桌式集中学习等"小学化"现象发生。《托儿所幼儿园卫生保健工作规范》中明确提出"全日制儿童每日不少于2小时户外活动时间，寄宿制儿童不少于3小时"，但实际上幼儿园的户外活动安排几乎都没有达标，户外运动时间被挤占用来进行拼音、英语等知识性教学。这些问题严重违背了幼儿身心发展特点，抹杀其创造力、想象力，同时也给幼小衔接工作造成了深远的消极影响。其实幼小衔接不仅有知识性衔接，还有学习能力、生活习惯、规则意识等非智力因素衔接。但目前我国幼儿园存在的普遍问题是都过度重视知识性衔接，忽略了对幼儿情感、社会性等方面的关注，以至于使幼儿不能对小学形成正确的认知，相反还会产生抗拒的消极情绪。

2. 幼儿认识小学的方式单一、流于形式

幼儿对小学的认知在很大程度上都来自幼儿园的引导。而目前幼儿园能给予幼儿对小学的认知的引导方式非常单一且流于表面。比如某幼儿园与当地小学联合举办的"小学一日体验"，幼儿对于参观小学是非常兴奋的，他们内心憧憬向往着大哥哥大姐姐们上学的地方，但是"一日体验"前教师没有进行铺垫，体验中带队教师没有进行介绍与引导，体验后教师更没有与幼儿一起进行总结与探讨。这种体验节奏快，时间短，幼儿只是被直观性的校园环境所吸引，过程中可能会对小学产生一些疑惑与不解，教师没有对此进行预设，没有注意观察幼儿的反映，更没有引导幼儿去更好地理解小学生活。这就导致整个体验过程流于形式。

(二) 小学存在的问题

《幼儿园教育指导纲要（试行）》中明确指出："幼儿园与家庭、社区密切合作，与小学相互衔接，综合利用各种教育资源，共同为幼儿的发展创造良好的条件。"除开幼儿园，小学也是幼小衔接的重要阶段，但通过调查，本文得出小学在幼小衔接工作中缺乏与幼儿园的过渡与衔接。

课程设置是学校依照教育大纲对各类课程的编排与设立，幼儿园根据《3—6岁儿童学习与发展指南》中的要求明确分为健康、科学、社会、语言、艺术五大领域，幼儿园的课程多以主题形式展开，更具整合性，可能一场主题活动会囊括多种领域知识。与幼儿园相比，小学的课程目的性更强，分类更明显，且更显强制性与规范性。小学课程依照教育部规定的教育大纲和教材进行编制，知识难度猛然加大，知识量骤然增多，与幼儿园的教材、教育目的都发生了断节现象。没有课程和教材能够与幼儿园紧密关联、自然过渡。

首先是分科教学不利于幼儿园孩子顺利过渡。小学以分科教学为主，课程按照语文、数学、英语、思想品德、体育等进行分类，部分课程一天会多次出现，每门课程都有自己的教材，固定的上课时间，一般为30～40分钟，除此之外，户外活动时间几乎只有早操、课间操以及体育课。因此，当幼儿从幼儿园过渡到小学时，必然会对以分科教学为主的小学课程产生一定的适应困难。

其次是小学师生关系过于严肃，儿童产生畏惧心理。在访谈中可以看到儿童多次提及小学教师很严格，不完成作业要罚站甚至放学后会留校，而幼儿园里的老师很温柔。幼儿园里的班级普遍为两教一保，也就是说一个班三十多名儿童会配备有两名教师和一名保育员。相对而言，老师能照顾到的儿童更多也更为全面。同样，由于幼儿年龄小等特点，教师会更为活泼有趣。同时，由于幼儿园没有学业压力，课程多以游戏活动的方式展开，因此教师与幼儿的关系相对来说更为平等融洽。而在小学，由于学习环境、学习任务、课程设置产生新的客观要求，每个班的学生人数增多，儿童的学业任务更为繁重，教师的工资也直接与儿童的成绩挂钩，因此教师的压力更大，与儿童的地位划分较为明显，对待儿童的方式也更为苛责。与幼儿园教师相比，小学教师侧重于对知识层面的了解，更加注重课堂纪律等，不能全面客观分析孩子的发展水平，较少关注培养孩子的兴趣和行为习惯,这些都会导致儿童对师生关系的焦虑与不适应,情况严重的幼儿还会对小学产生抵触情绪。

再次是儿童对小学新环境的适应未能引起重视。入学以后,小学一年级学生立马就会接受与幼儿园完全不同的学习环境与方式。通过访谈和绘画,我们了解到,大多数幼儿都会产生或多或少的不适应。但是小学对幼儿心理的关注度较弱,小学一年级没有一系列针对幼小衔接的适应方案,如主题活动、游戏、对家长的再教育等等。小学的学习方式与学业评价方式让很多幼儿感觉压力很大,而对部分儿童反映出来的不适应问题学校和教师没有引起足够重视,也没有及时进行心理疏导。学校忽略了儿童从幼儿园过渡到小学的心理变化。

(三)家庭存在的问题

家长在幼儿幼小衔接过程中起着重要引导作用,但是大多数家庭没有能够正确认识幼小衔接,为孩子进入小学做好准备。大部分家长对自己孩子学历的期望相当高。他们认为现在社会竞争激烈,高学历是社会发展的需要,也是孩子生存的基本条件。除此之外,家长也普遍重视儿童身体的发展,但是对于幼儿的意志力、生活自理能力、学习品质等方面关注较少。

二、儿童视角下幼小衔接存在问题的原因分析

从幼儿园和小学两个主体出发分析了各自在幼小衔接工作中存在的问题,基于问题进行了原因分析,得出以下原因:

(一)幼儿园与小学缺乏有效双向互动,导致各自为政

幼儿园与小学不管是从学习环境、课程内容、上课方式还是作息安排上都有巨大的差异,幼儿产生不适应是必然的。但是,幼儿园和小学没有从根本上形成合作互助。

首先是儿童。大班幼儿对小学生的认识为"小学生学的东西更多更难",小学生对幼儿的认知为"幼稚,只知道玩"。双方对彼此之间身份的认知存在着浅显消极的因素,这些会导致幼小衔接工作中儿童心理状态的不稳定及偏差。

其次是教师。幼儿园的老师并不深刻了解小学的学习方式和课本内

容，而小学老师更是对幼儿园的活动安排知之甚少。双方对彼此仅保留着最浅层的认知，这也直接导致教师不能讲更有效的信息传递给儿童。只有当教师本人对幼小差异、幼小衔接有着深刻认识后才能让儿童更好地形成进入小学的准备。

再次是教材。幼儿园和小学缺少一套通用的能够从各个方面帮助幼儿进行幼小衔接的辅助性教材。目前市面上存在的幼小衔接教材多为知识性教材，极少有从习惯、兴趣、行为、生活、心理等方面帮助幼儿进行幼小衔接的书籍。

（二）知识本位课程观盛行，导致儿童入学准备不充分

知识本位课程观对应的最常用最有效的授课方式为讲授法。因此，在小学甚至部分幼儿园中都大量使用了讲授法。这种以老师讲授为主使学生接受知识的填鸭式教育抹杀了儿童在学习中的主体地位。大班幼儿通过自己的认知对小学的印象最多的为知识会变难，老师很凶。这些导致了幼儿在升入小学初期会产生入学焦虑，严重的甚至会产生抗拒和排斥的心理。

（三）儿童受家长落后教育观念影响不能全面适应小学

目前我国家长教育观念普遍落后，部分家长还存在着"教育是学校的事""孩子不能输在起跑线上"等一些狭隘的理解，本身缺乏科学的教育方法，不能以身作则、言传身教，甚至还会对幼儿园施加压力，阻碍幼小衔接的顺利进行。

（四）儿童在幼小衔接过程中的需要被忽视

在课程的衔接、设置，教材的选择，运动器材的设立，学习环境的布置等方面，成人的思考所占比例更大。从访谈中可以看到，儿童已经能够对幼小差异有较为明确的认知，他们认为小学作业量增加、老师更为严苛、课时更长等等。从这些我们可以分析出：小学生在面临与幼儿园截然不同的学习生活环境时，希望老师能给予更多的关注与陪伴；在学习上希望能得到更多的帮助，因为知识更难；在课程上，希望能增加更多自己感兴趣的学科。同时儿童也能够对学习环境、课程设置等方面有自己的需求及建议，通过这些，教育工作者应该了解到儿童最真实的声音

以及对幼小衔接过程的建议从而加以选择让其能够更好地度过衔接时期。但是在真实的幼小衔接过程中，我们的老师没有能够给予儿童机会，也没有倾听他们内心的声音，从他们的需要对幼小衔接的工作进行改善。

三、基于儿童视角做好幼小衔接的建议

针对儿童视角下幼小衔接存在的问题和原因分析，从幼儿园、小学、家长、社会这四个层面提出针对性建议。

（一）幼儿园帮助儿童做好入学准备

幼小衔接具有承上启下的性质，旨在让幼儿能够顺利平稳地过渡到小学的学习生活中，而幼儿园在这个过程中担任着"上"的角色，是幼小衔接的起始阶段。因此，幼儿园应该首先肩负起责任。

1. 培养幼儿全面适应小学的能力，更具针对性、连续性、整体性

幼儿适应小学的能力不应简单地概括为学习能力，应包括：身体和运动能力、语言能力、基础知识的准备、基本认知能力、社会性发展等。幼儿园应从幼儿角度出发，认识到幼儿在不同的年龄阶段其各个方面的能力都有所差异。因此，幼儿园的幼小衔接工作应该从全方位、多角度入手，对幼儿制定综合全面的幼小衔接教育目的和方式，为幼小衔接的顺利过渡创立良好的氛围。这个工作不应该仅仅落在大班，也不应该仅仅在入小学前的一学期仓促进行。幼小衔接应该覆盖整个幼儿群体，从小班开始就可以培养其好奇、快乐等健康心态，从生活小事鼓励其独立，培养其多看多问多想的意志品格；中班可以增强幼儿的身体运动能力，增多合作游戏机会，鼓励幼儿进行自主尝试；到大班应该从各个方面为其创设丰富的情景。例如，在园所内可以设置"小学体验角"，模仿小学的环境、上课规矩、授课方式等让幼儿进行"娃娃家"，让他们在游戏中体验小学，在快乐中感知小学。

幼小衔接不是割裂、分化的，它应该是一种持续性、整体性的过渡。因此，幼儿园还可以与小学做好对接，定期邀请一年级的哥哥姐姐到幼儿园做客，让他们讲讲小学发生的有趣的事，让他们回答幼儿对小学的疑问，让榜样的力量凸显，使幼儿看到上了小学后的哥哥姐姐们是多么能干，从而促进其内心对小学的积极向往。除此之外，幼儿园老师也应

该与小学形成双向互动，到小学观摩学习，了解真实的小学生活、认识小学的学习目标、感知小学的教学过程，与小学老师就幼小衔接问题展开研讨，获得儿童在两个学习阶段最真实的状态。

2. 尊重幼儿主动权和话语权，摒弃"小学化"

从本文的绘画作品和访谈分析中可以看到，幼儿对小学的生活有着自己的理解与期望，他们希望在小学能够学到各种自己感兴趣的知识，希望在小学能够有更多户外活动的时间，也希望在小学能够交到很多新朋友。而当前大多数幼儿园为了迎合家长的需要、自身利益的需要，将幼小衔接工作粗暴地理解为"小学的预备工作"，提早用小学枯燥的讲授法对幼儿进行教学，减少了游戏、活动等真正符合儿童天性的形式。同时，幼儿园将重点放在了小学知识的预备学习中，拼音、九九乘法表、加减乘除、英文对话等小学内容进入幼儿视野，幼儿每天不得不花费大量的时间和经历来学习这些内容和完成"作业"，幼儿提早便开始进入小学的"负担"生活。

儿童的成长不应当仅是知识的积累和智力的发展，更应当是满足儿童内心发展需求，知识的学习仅仅是儿童成长的目标和手段之一。换言之，我们可以借助知识的学习，让善良、智慧、爱充盈于幼儿内心，使其身心得到放松和自然发展，使其解放，从而唤醒其内在对发展的需求。儿童的内心世界是丰富而又脆弱的，对其内心的呵护和引导才应该作为幼小阶段教育追求的目标。

3. 尊重幼儿天性，促进儿童精神发展

儿童是复杂且独立的个体，我国学者李晓雯曾基于儿童天性对幼小衔接进行过研究，她认为儿童天性包括儿童的食性、好群性、奋斗性、竞争性、求知性、恐惧性、同情心，从社会性维度上看儿童便是一个不断追求真、善、美的人。也有学者将其称之为"儿童精神"，认为儿童所具有的例如想象性、自我中心等一些先天特征在外部因素的影响下所呈现出的特有的认知、意志和情感特征，例如探究性、脆弱性、依附性等。

游戏和活动是幼儿接受教育的最好形式，我们应该看到幼儿天生具有好动、爱玩、好奇心强等天性，纵然小学相比幼儿园更具规则性，但幼儿园也不能将幼小衔接工作流于如此表面。幼儿园应认识、理解幼儿的天性，给其缓冲时间，允许其逐渐接受规则，给其一定的空间和时间。

幼儿本身具有同情心、善良等美好品质，幼儿园应采取多种活动形式扩大儿童的积极行为，让其内心洋溢着对学习的向往和憧憬。同时，还应鼓励他们勇于承认错误、培养自律等积极品格，让其逐步独立、成长。

（二）小学做好"小幼衔接"接纳儿童入学

小学在承上启下的衔接中处于"下"的延续阶段，是幼儿教育阶段的延伸。小学能否及时对刚入学的儿童进行引导，是幼小衔接的又一个重点。小学应该掌握儿童现有的发展状况，做好接纳准备，为儿童适应小学生活创造条件。

1. 尊重儿童主体地位，关注幼小差异

小学老师应放慢节奏，重视儿童心理过渡。小学应合理进行课程设置，增加儿童户外运动时间，满足其爱玩、好动的天性，并适当加大儿童感兴趣课程的比例。在学习过程中，儿童会产生各种各样的困难和问题，但很多儿童处于害怕、紧张等心理，不会主动提出自己的困难，这个时候需要教师主动询问并耐心倾听。在教室的布置、班委的选择等问题上，教师更应该尊重儿童的意见，让其有能够充分发表自己意见的机会，做班级的小主人，这样才能凸显儿童的主体地位。

2. 增加儿童了解小学的途径，主动加强与幼儿园的合作

幼小衔接是小学和幼儿园这两大教育主体共同协助完成的课题，小学应该主动加强与幼儿园的联系，与幼儿园形成有效双向互动。小学可以定期指派优秀、阳光、积极的小学生去幼儿园，带领弟弟妹妹们玩耍学习，并且介绍小学的生活和自己的体会，将小学生的阳光正面的形象传递给幼儿，使其产生对成为小学生的向往和憧憬。同时，小学还可以邀请大班幼儿到小学参观，观察真实的小学生活，并与哥哥姐姐们进行互动学习。小学教师也应该加强与幼儿教师的联系，主动向其介绍小学的学习任务和教学方式，让其深刻了解作为幼小衔接的后继阶段所担任的角色和任务。小学教师可以向其提供《小学生守则》等资料，让幼儿教师更加清晰明了地认识到小学的教育侧重点。

（三）家长正确引导儿童顺利过渡

1. 放低姿态，倾听儿童内心声音

孩子最依赖信任的人就是自己的父母，家长在幼小衔接中扮演着重

要的角色，不仅是时时刻刻陪伴孩子的人，更是他经历幼小衔接过程中的引导者。家长应当放低姿态，认真倾听儿童内心的声音，了解儿童内心最真实的需求，再从家庭教育的角度帮助幼儿顺利适应小学生活。家长作为孩子成长道路的指引者，首先应当重视的是孩子能否健康成长，其次才是孩子各项能力的发展。但可惜的是，大部分的家长并不首先关心孩子在幼儿园过得开不开心，交没交到新朋友，而更在意的是孩子学到了几个字、几首诗。特别是在幼小衔接阶段，家长为孩子采购大量诸如《幼小衔接必练》等参考书籍，过度重视知识衔接。家长的这种教育观也直接推动了幼儿园"小学化"现象。

2. 更新教育理念，丰富教育手段

家长应该更新教育理念，理清幼儿的内在需要和认知特点。对于6岁左右的儿童来说，知识的学习不是最重要的，最紧要的是他学习兴趣、学习习惯、意志、品德等方面的习得。家长应当为儿童创造宽松自由的情景，以游戏、活动的形式与儿童展开亲子互动，例如绘本阅读、全家出游、参观博物馆等等，引起孩子对学习的兴趣，他自然会积极探索学习。因此，幼小衔接的重点就是要培养孩子的兴趣和能力。同时，家长也应当主动向老师询问幼儿在园情况，关注幼儿的日常动态，针对幼儿出现的各种问题与老师进行探讨，共同帮助幼儿成长。

当然社会在幼小衔接过程中也有不可忽视的作用，应该担负起更重的责任。首先，政府应当加强宏观调控，出台相关政策法规。幼小衔接工作的有序进行离不开教育行政部门的监督、管理和指导；其次，针对"小学化现象"，社会应该形成正确积极的舆论，政府应加大对家长的教育观念的引导和更新；再次，应当挖掘各方教育力量，整合幼儿园、小学、社区资源。借助幼儿园的组织力量、社区的场地力量、家长的经验力量，通过开讲座、兴办家长学校等方式让各方加强沟通与整合。

儿童是幼小衔接的主体，从儿童角度出发，探寻他们内心对幼小衔接的需求才能真正使幼小衔接工作落到实处。幼儿园、家长、小学、社会等各界力量对幼儿会产生各种直接或间接的影响，每一方都对幼儿负有不可推卸的责任。因此，各方力量应该加强联合，共同为儿童创造一个真正适合他们发展和成长的环境，这个环境不应该来自成人的想象，而应该着眼于儿童的需要。探寻儿童内心对于幼小衔接的想法目前在我国还属于比较新的课题，值得我们每一个幼教工作者去研究和思考。

参考文献：

[1] 虞永平."小学化"现象透视[J].幼儿教育，2011（4）.

[2] 李岩，桑琳.幼小衔接实践中的探索与反思[M].北京：北京师范大学出版社．2009.

[3] 陈梦瑶.警惕幼小衔接中知识本位的课程观[J].学周刊，2015（1）.

[4] 刘晓雯.基于儿童天性的小幼衔接期教育研究[D].北京：首都师范大学，2014.

[5] 于海臣.儿童精神发展视角下"幼小衔接问题"的审视[J].阴山学刊，2015（5）.

[6] 孟繁慧，张代玲.国内幼小衔接研究综述[J].黑龙江教育学院学报，2014（7）.

[7] 张静.如何顺利进行幼小衔接[J].现代交际，2015（1）.

[8] 李晓芳，赵碧玫，冉昕，张林.六盘水幼小衔接：现状与对策研究[J].六盘水师范学院学报，2012（4）.

[9] 冯帮，许桂林."幼小衔接期"幼儿教育的新举措——基于终身教育视角[M].学子，2005（2）.

幼儿户外活动现状研究

游 黎 岳池县幼儿园

【摘 要】幼儿时期是人发展很重要的时期,所以在此时期对幼儿进行教育对于一个人未来的发展至关重要。而在幼儿教育中户外活动又起着非常重要的作用。在幼儿教育中开展丰富多彩的户外活动能够发挥幼儿的积极性和创造性,对幼儿的成长有着十分重要的作用。户外是一个空气清新,视野开阔的场所,能使幼儿体验更多的快乐。幼儿户外活动能促进幼儿身体健康和心理健康。本文从幼儿户外活动的现状入手,分析了户外活对幼儿身心健康的重要意义,对幼儿教育户外活动中存在的问题进行了深入的探讨,并提出了解决问题的对策和总结了一些开展幼儿户外活动的合理措施。

【关键词】幼儿户外活动 幼儿园户外活动教育

一、幼儿户外活动的概念

幼儿户外活动是一种有目的、有计划的利用多种材料,采取多种形式,享受阳光、空气等自然因素进行锻炼的积极措施,对幼儿有着积极的教育意义。幼儿户外活动是幼儿园教育教学的重要组成部分,是有计划有目的的教育活动。它分为园内和园外两种,园内活动和园外活动是相互补充的。幼儿户外活动是在开阔、自然的户外环境中,使幼儿能真正自由地活动。幼儿户外活动不是随意性的,它的教育环境、教育形式与室内教育活动不同,是室内教育活动的补充和延伸。

二、幼儿户外活动的意义

幼儿户外活动对幼儿的全面发展起着重要的作用,在提高全民身心健康中,幼儿身心健康更是重中之重,而户外活动是保障儿童身心健康的重要手段。

1. 户外活动是强身健体、减少和预防疾病发生的重要措施

户外活动能够增强幼儿体质，促进身体健康发展。幼儿正处在生长发育的时期。身体各器官各系统发育尚未成熟、完善，对外界环境的适应能力较弱，容易受到各种自然因素的变化影响，采用适合幼儿生理特点的户外体育活动，可以提高幼儿身体的适应能力、抗病能力。

2. 户外活动是促进幼儿心理发展的有效途径

户外活动是幼儿探索客体环境的最有效的手段，他们不仅需要通过活动来感知世界，而且需要通过活动来累积生活经验，从而为心理发展打下基础。

3. 户外活动是加强安全教育、增强幼儿自我保护意识的最佳途径

户外场地活动范围较广，幼儿四处分散活动时，教师的视线不能顾及每个幼儿。因此，在活动前，老师总要向孩子交代活动的规则和有关安全事项，增强自我保护意识，预计到可能出现的不安全因素。

三、幼儿户外活动的现状

我国《幼儿园工作规程》规定，幼儿户外活动时间在正常情况下，每天应不少于 2 小时。开展以多种有趣的体育活动，特别是户外的、大自然的活动，培养幼儿积极参加体育锻炼的积极性，并提高其对环境的适应能力。近年来，我们可以明显发现，幼儿的户外活动和游戏的时间和空间在不断减少，越来越少看到幼儿成群结队地在户外追逐游戏。而作为幼儿活动的主要场所的幼儿园，尽管有《幼儿园工作规程》明确规定了幼儿每天的户外活动时间不少于 2 小时，幼儿园不能以任何理由占用或挪用，但很多幼儿园并没有执行这种规定，而是让幼儿大多数的时间是在教室里进行智育方面的培养和学习。这造成幼儿户外活动时间不足，幼儿活动量不足，幼儿活动缺乏自由。而且有许多调查发现，无论是家长还是幼儿园教师都没有对幼儿的户外活动有非常正确的认识，仅仅认为这就是可有可无的玩乐。这种种情况表明，大多数人并不重视儿童幼儿期的户外活动，也没有意识到它对儿童发展的重要作用。

我国对幼儿户外活动已经开始重视，但是由于人们一直以来就是以室内教育为主，把室内教育作为教育的主要教育环境，一时还不能改变观念。我国幼儿户外活动开展还处于起步阶段，户外活动开展的目标不明确，

效果也还未达到高质量。幼儿园应在户外游戏与室内活动相结合、户外游戏目标确定、户外游戏开展特点与条件研究等方面多向国外同行学习。

四、幼儿户外活动存在的问题及原因

人们对幼儿教育的认识有不足，对幼儿教育的观念有偏颇，导致对幼儿户外活动的忽视，以至于幼儿户外活动存在着许多问题。

1. 幼儿户外活动的时间少，空间小，设备单一

《幼儿园工作规程》第十八条规定："在正常情况下，幼儿户外活动时间（包括体育活动时间）每天不得少于2小时，寄宿制幼儿园不得少于3小时；高寒、高温地区可酌情增减。"但是笔者发现幼儿园户外活动时间比较少，而且零散。主要是在晨间户外活动、教学活动之后，午睡之后，每次大约20分钟左右，户外活动的组织形式以户外游戏为主，玩大型玩具、荡秋千、攀岩、玩沙包、毽子的等，幼儿园每个年级户外活动还受本班所在的地理环境影响。其他大部分时间都被早期阅读、英语、数学、科学与艺术等课程挤占，孩子的户外活动时间微乎其微。从时间安排上来看，幼儿的户外活动时间在安排上较零散且时间相对较短，不能保证幼儿有充足的户外活动时间。幼儿园的活动场地、机械设施等条件不足，没有与其空间规模相适应，存在严重的安全隐患。很多时候幼儿园的户外活动只流于形式，幼儿户外活动的质量不高，锻炼实效不大。即便幼儿园采用项目活动区域轮换方式，但每次规定活动内容都很难满足孩子的需要，不能让孩子玩得尽兴。这在一定程度上影响了孩子的活动兴趣与热情，进而导致孩子的活动质量不高，锻炼的成效不佳。很多园的幼儿户外活动通常只是一种教学形式，真正开展和组织实施的幼儿园毕竟还是占少数。

2. 幼儿户外活动的形式、内容单一，活动质量、效果不佳

幼儿户外活动给教师提出了更高的要求。在教学内容中，教师必须尽可能避免活动中可能出现的问题，创新活动内容，并注重活动中的安全性教育。户外活动是幼儿园教育的重要组成部分，也是有计划有目的的教育活动。户外活动的内容是比较广泛的，但是现实中对于这一概念的理解存在某种程度上的偏差和误解。老师和家长普遍认为"户外活动"等于"体育锻炼"。幼儿园的户外活动也基本上是园内活动，活动的内容

和形式和体育课相似。有时在时间和空间语序的条件下教师可以和幼儿创编新的活动，但由于场地小，班级多，怕活动拥挤出现安全事故，就做一些活动范围小、活动量小的活动，甚至不做户外活动。严重背离了因材施教的教学原则，缺乏教育性意义，无法促进幼儿综合素质的提高，也就达不到良好的教学效果。

3. 幼儿户外活动过分注重安全而限制幼儿自由，缺少自由和挑战性

户外活动在很大程度上弥补了体育课、早操的不足，它能充分考虑到幼儿的兴趣、爱好、能力水平，给幼儿更多自由活动的机会。但在走访中，我发现幼儿的自由是很有限的，教师对活动的控制很多。对幼儿器材使用的控制，对幼儿选择权的控制，对幼儿操作方式、操作规则的控制等。但是幼儿户外活动就应该给孩子提供自由、开放、自主的活动环境。

4. 幼儿在户外活动中的自我保护意识差

"千般爱护，莫过自护。"《学前教育课程指南》中提出：幼儿要学会面对危险的事情能及时做出反应，控制自己的行为和动作，有一定的安全意识。由于缺乏生活经验，幼儿对周围环境中潜在的不安全因素认识不足，判断能力差，在活动中经常发生一些有意识或无意识的伤害行为。

五、对策

1. 提高对幼儿户外活动的认识，确保幼儿户外活动时间，加强家园合作

首先是为幼儿准备活动的大量材料。除了应购置的一些用具，如：绳子、球、橡皮筋等，我们坚持少花钱多办事，因地制宜，变废为宝的原则，开发我们山区的自然资源，利用木头等废旧材料亲自动手制作大量的体育玩具。其次是想尽办法扩大户外活动空间。利用走廊、操场、草坪轮流安排活动。如：在走廊上画上各种各样的格子，让幼儿自由地、三五成群地玩跳格子游戏；在通道边上画上各种几何图形相互交叉的曲线，让幼儿沿着每一种图形找方向。要保证每天有两小时以上的户外体育活动。时间既不宜集中，也不宜过于分散。时间过于集中，孩子易于疲劳，失去兴趣，过于分散，孩子则不能充分活动，达不到锻炼身体、增强体质的目的。在时间安排上可分：早晨十分钟早操；上午课后进行三十分钟各种体育游戏或可利用大、小型体育器械的活动，如果上了体

育课时间与内容可减少；下午可进行三十分钟体育游戏及各种活动。夏季活动时，如果阳光过于强烈，可在阴凉处活动。冬季日照时间短，为了使幼儿能得到充足的阳光，最好在午睡起床后，稍稍休息就到户外活动，然后再回教室进行其他活动。同时遵照教育活动互相渗透，有机结合的要求，在一日生活各个领域，都应有机地结合进行。

2. 户外活动和五大领域有机融合

户外体育活动不等于自由活动，更不是"看堆儿""放羊"，应该有计划地安排内容，有组织地进行活动。根据幼儿年龄特点，户外体育活动应以游戏为主，内容丰富，形式多样，既激发了幼儿参加活动的兴趣，又达到了发展动作和锻炼身体的目的。应把幼儿喜闻乐见的体育游戏、操节、器械活动、体育自选活动等内容，科学合理地分配。组织形式有集中，有分散，也允许三三两两或独自玩。要针对个体的差异，提出不同的要求，促进每个幼儿在不同水平上的发展。为了更好地激发幼儿参加活动的积极性和全面锻炼身体，可逐渐加深活动内容，比如：练习平衡动作，先在两条平行线之间走，然后顶着沙包走，再两手托物走，或走时迈过障碍物。这样不仅锻炼了幼儿在不同条件下运用学会的动，还提高了活动能力，增强了兴趣性。要根据季节气候变化，调解活动量，掌握适宜的练习密度和运动量。每次活动的设计，力求结构紧凑，缓缓衔接，保证有一定的练习密度。

3. 教师对户外体育活动要有布置、有检查

教师要充分发挥自己的主导作用，要不怕麻烦，不怕孩子"乱"，要以极大的热情，同幼儿共同活动，在活动中指导，帮助个别幼儿，使体弱，胆小，不喜欢动的幼儿都能主动地参与活动。在活动中教师要注意培养幼儿良好的品德，要正面引导幼儿在体育活动中互助、互让、团结友爱，共同遵守的规则。在保证安全的情况下，给孩子更多自由的机会，还要鼓励幼儿在活动中要勇敢，机智，不怕困难。

4. 加强教育，树立自我保护意识

在进行户外活动时，针对可能出现的安全问题，教师应引导性地告知幼儿，并尽可能保证幼儿的活动在教师关注的范围内进行。教师在活动期间将可能存在的不安全因素告诉给幼儿，增强他们的自我保护意识，

并通过合理的方式适当教授幼儿一些基本的自我保护技能。当幼儿即将做出可能造成伤害的事时，教师要立即帮助幼儿分析这些事情引起的危害和后果，让幼儿深刻地认识到自己所做事情后果的严重性。自我保护意识需要及时渗透，这样才能增强幼儿的自我保护及保护他人不受伤害的意识。幼儿学会自我保护，就等于在生存中向前迈进了一大步，而生存是发展的保障。幼儿园应将安全教育有目的、有计划地渗透到幼儿的日常生活之中，根据幼儿生活需要和社会化人的素质要求，在生理和心理上确立幼儿自我保护能力的培养的总目标。

六、小结

户外是一个开阔的天地，抓住户外活动的特点，积极地开展户外体育活动，不仅能给幼儿带来欢乐的情绪，有助于提高幼儿运动能力，有效地促进幼儿身体发展。而且，能为幼儿心理发展提供良好的条件，促进幼儿身心和谐地发展。活动中我们和孩子们共同成长着，孩子们的健康是我们最大的安慰。户外活动是幼儿教育中的重要组成部分，而且也是一项复杂的系统工作。要在确保幼儿安全的前提下积极开展户外活动，让他们在一个轻松愉悦的环境中自由成长，促进幼儿综合素质的全面提升。

参考文献：

[1] 黄文云. 幼儿自我保护能力的培养[J]. 学前教育研究，2010（3）.
[2] 蔡荔红. 教育评论[J]. 幼儿户外体育活动中的"四结合"，2000（5）.
[3] 顾荣芳. 学前儿童健康教育论[M]. 南京：江苏教育出版社，2004.
[4] 张红梅. 幼儿户外体育活动现状及其对策研究[J]. 搏击（体育论坛），2011（8）.
[5] 王欣. 日本幼儿园的户外活动[J]. 早期教育，2003（12）.
[6] 王红花. 幼儿户外游戏活动中应注意的四个问题[J]. 小学时代（教育研究），2010（4）.

浅谈 2~3 岁婴幼儿良好饮食习惯的培养

邢 荣　邻水县机关幼儿园

【摘　要】现在很多幼儿园开设了宝宝班，这个年龄段的孩子自理能力差，在家长群当中听到最多的讨论话题是"我的孩子吃饭的习惯一点也不好""我的孩子天天需要大人喂"。宝宝在家饮食习惯没有养成好，这给幼儿园老师出了一道难题。因此，我就来浅谈 2~3 岁婴幼儿良好饮食习惯的培养。

【关键词】2~3 岁　良好的饮食习惯

一、问题的提出

埃里克森的社会发展理论中指出，1~3 岁是自主对羞愧，儿童必须学习自主，自己吃饭、穿衣及照顾自己的个人卫生等。儿童若无法自己独立，可能会使儿童怀疑自己的能力，并觉得羞耻。现在社会生活水平提高了，加之几个家长带一个孩子的现象增多，很多家长更加有精力来照顾孩子，原本认为这样是爱孩子，殊不知反而阻碍了孩子的自由发展。通过开学的调查问卷，以及开学前两周的观察，我发现我们班的幼儿在饮食习惯方面有很多问题存在，很多家长也迫切得到这方面的帮助，希望自己的孩子能够变得更独立，不挑食。

二、造成幼儿无法正常饮食的原因

（一）家庭教养的因素

（1）家长对幼儿过度照顾，让幼儿产生了依赖性，自理能力差。
（2）没有给幼儿建立良好的作息时间，两餐之间间隔时间不科学。

（二）幼儿自身的因素

幼儿对幼儿园这个新的环境产生心理上的恐惧与不适应。

三、培养 2~3 岁婴幼儿良好饮食习惯的方法

（一）做好家园沟通

（1）在家让宝宝自己动手吃饭。让宝宝自己动手吃饭不仅让宝宝获得生长发育的营养，还锻炼宝宝的抓握能力、手眼协调能力等，这能给日后培养宝宝的绘画和书写能力打下良好的基础。著名教育家霍姆林斯基说过："儿童的智慧在手指头上。"

（2）吃饭的时候要关掉电视机。

（3）早餐时间与幼儿园午餐时间间隔不得少于 3.5 个小时，这样孩子午餐才会吃得更香。

（4）鼓励宝宝吃自己平时不喜欢吃的食物，比如用顺口的儿歌，夸大食物的营养与美味。

（二）用多种形式锻炼宝宝手的灵活性

比如在区角游戏中投放一些串珠子、给小动物喂食等操作材料。

（三）增加户外活动时间

多让幼儿在户外活动，宝宝班的幼儿很喜欢在大自然中玩耍，自由、放松的环境可以使她们更快地适应幼儿园的生活。但是，餐前半小时必须回活动室休息，让幼儿从兴奋的状态安静下来，进行如厕、盥洗环节，可以给幼儿讲一个餐前故事，让幼儿安静，这样，进餐就会在安静、平和的状态下进行。

（四）幼儿园教师科学组织幼儿进餐

1. 营造进餐环境

良好的进餐环境能够增强幼儿的食欲，促进幼儿对食物消化吸收。

进餐前，提醒幼儿用肥皂正确洗手，清洁消毒餐桌；用生动形象的语言和极为神秘的表情、语调为幼儿介绍当天的饭菜，引起幼儿的食欲。

进餐时，不宜把饭菜盛得太满，以免让幼儿心生恐惧。幼儿喜欢一次又一次自己去添饭，并自豪地说："我吃了三碗。"因此，在给幼儿准备第一碗饭时要根据幼儿的饭量盛的适中，留下机会让幼儿自己添饭，以培养幼儿吃饭的自信心和动手能力。

就餐过程中，不能因为幼儿吃饭速度慢而去催促他，这样会使幼儿

的情绪紧张，不利于进餐；要给幼儿充足的时间开心、轻松地进餐。在进餐的过程中要关注每一个幼儿的情绪变化。如果发现幼儿有挑食行为，不应批评幼儿或者强迫幼儿进餐，而应通过鼓励的方式让幼儿改变挑食行为。就餐时，给予每一位幼儿及时的鼓励，让幼儿感觉就餐是一件很享受的事情。在轻音乐的伴奏下进餐，可以使幼儿增强食欲。

2. 介绍饭菜营养

餐前形象介绍，引发幼儿的食欲。比如，在幼儿吃茄子前，告诉幼儿茄子中有一种东西对身体非常有帮助，能让小朋友变得更健康、聪明。再如，通过儿歌《白米饭》教育幼儿不浪费粮食。

3. 指导独立进餐

让幼儿独立吃饭，是幼儿期最基本的生活自理能力训练。

《幼儿园教育指导纲要（试行）》提出："教师要尊重幼儿不断增长的独立需要，在保育幼儿的同时，帮助他们学习生活自理能力，锻炼自我保护能力。""既要高度重视和满足幼儿受保护、受照顾的需要，又要尊重和满足他们不断增长的独立需求，避免过度保护和包办代替，鼓励并指导幼儿自理、自立的尝试。"所以，我们在班级里就大量地开放了活动区，里面投放的材料更多的是厨房用具和便于操作的材料。

（五）开放区域活动，给宝宝更多动手操作的机会

有的老师认为，宝宝班的孩子能玩什么活动区域啊，肯定会弄得到处都是，乱七八糟。但是经过一年来对宝宝的观察、研究，我发现在区角里投放一些生活中宝宝常见的材料、真实的玩具，宝宝们很喜欢，他们很感兴趣，并愿意参与到游戏中来。3岁前的宝宝都对周围环境充满着好奇，喜欢东摸摸西摸摸，在潜移默化中，增加了孩子们手部肌肉的锻炼，在收玩具的过程中，逐渐让孩子养成生活的自理能力。学习收放玩具，可迁移到进餐环节中的收拾碗。

总之，2~3岁阶段的幼儿，是需要家长和老师共同配合才能让孩子进步得更快，才能更好地克服孩子成长中的困难，更好地促进婴幼儿身心健康地发展。通过科学的教养方式，让孩子真正地爱上吃饭，主动积极地进餐，而不是家长催促、逼迫孩子进餐。

参考文献：

[1] 腾瑾. 让宝宝自己动手吃饭[J]. 幼儿智力世界，2008（7）.
[2] 冯晓霞.《3—6岁儿童学习与发展指南》解读[M]. 北京：人民教育出版社，2013.

笃行编

调皮男孩们的徘徊

李林杰　邻水县三合中心幼儿园

这学期,我很为班级里几个调皮男孩头痛,同时内心也非常不甘。

秦小朋友今天下午在放学前故意把腿伸到过道,让路过的小朋友体验"狗吃屎"的感觉。当我批评他时,他立马把其他两个"同伙"招供出来了:吴小朋友、林小朋友。一看,都是"老共犯"啊,都是我手下的那几个"留守儿童"。

这些孩子都是"超前生",在该读中班的年龄去了大班,一学年结束后,班级里的适龄孩子去读小学时,不够年龄的他们却只能重复地再念一年大班。回想他们的种种"罪行",真是"罄竹难书"。比如上课故意发出怪叫去吸引大家的注意,故意去招惹其他小朋友然后假惺惺地道歉,整节课的"多动症""话痨病"等等。

但是调皮捣蛋的他们在上学期的时候都一个个"改邪归正"了,在自我约束、学习态度、学习习惯方面都有明显的进步,这让我感到很惊讶,并且期望着他们在这学期里会有更明显的进步。但事实上他们的表现却让我很失望,不仅回到了以前调皮捣蛋的状态,甚至可以说是更糟糕了。

在运用自己总结的经验、请教同事、网络支招效果都不明显的情况之下,我看了一些有关于儿童心理学方面的书籍。在这些书里我发现孩子的捣蛋行为原来都带有明显的动机性。

再次观察这三位"留守儿童"的种种表现,结合科学育儿知识,我很快发现他们的动机。三位幼儿从中班来到正处于幼小衔接阶段的大班,他们在知识接受能力、语言发展能力、认知能力等方面都难以跟上同伴的步伐,但自身又有强烈的被认同的需要,因此他们选择用自己的方式吸引老师和其他幼儿的关注,比如课堂故意发出怪叫声、随意走动、故意去攻击挑逗他人然后作无谓道歉。这些不合适的行为恰恰为这三位幼儿的人际交往、社会认同带来重重障碍。

在大班的上学期，这三位幼儿因从未接触过这些陌生的学习知识且他们了解自己的需求，因此用自我约束来实现高效学习，这种自我约束正是家长和老师眼中的进步。在第二次上大班时，三个孩子对本学期教材内容还记忆犹新，当老师引导其他幼儿学习时，他们却认为是无聊的"炒冷饭"，索性不分时间场合都在走神、讲话、推搡、追逐打闹、恶作剧，于是就出现了今天下午秦小朋友故意伸腿绊倒别人的这一幕。

众所周知，孩子必须要年满6周岁才能进入小学一年级。因为不满6周岁的这部分孩子在学习的过程中会遇到更多的困难和不适，如动手能力、注意力的坚持性。非适龄学习不仅不利于孩子的成长和发展，更是会给学校教育教学工作带来负担。那么这群年龄更小的幼儿园孩子，他们的非适龄学习更是难上加难，在他们已经熟悉的知识不断重复的时候，幼儿早已厌倦，就特别容易"油"。长期下去，幼儿良好的学习意识、学习态度、学习兴趣、行为习惯怎么能够很好地塑造呢？因此，家长们对于幼儿提前入学不应操之过急，需根据自己孩子的发展情况和幼儿身心发展的普遍规律适龄入学。

一个孩子的进步

魏媛媛　岳池县第一幼儿园

那是新学期开学的一大早,小浩浩的妈妈带着他来上幼儿园了。"老师,早上好!"他清脆的问好声,吓了我一大跳。我仔细地打量着眼前这个从不主动向老师问好的孩子,他的个头长高了不少。不过一个学期的时间,他好像和从前有些不一样了。我跟浩浩妈妈聊了起来,我感受到了孩子的变化,也在言语之间感受到了家长对孩子那深深的爱。在这个孩子的成长进步的背后,我看到家长的辛苦付出。

浩浩是我班的一名幼儿,也是唯一一个我带了三年的孩子,我见证了他的成长。浩浩刚入园时,特别让人头疼,要么不跟人玩,要么就攻击小朋友,争抢玩具,好像根本不会听老师的要求。到中班上期的时候他也从不认真听课,从来不主动向老师问好,不爱参加任何的集体活动。我们老师每天都特别小心看护,不厌其烦地亲近他,想和他做好朋友,想听一听他内心的声音。把这些情况跟他妈妈交流过后,妈妈也表示很着急很无奈。后来,我了解到他爸爸长期在外地工作,在家的时间特别少,所以平日对他少有管束。妈妈的工作很忙,根本没时间照看浩浩,平日里自己休息时懒于管教浩浩,全部交给爷爷奶奶照顾,两代人之间缺乏必要的沟通,教育方式和方法也有所冲突,于是浩浩被一味地宠溺和放纵。于是我就建议浩浩妈妈,要严格要求自己,做好榜样,多抽出一点时间陪陪孩子,多带他去和小朋友玩,多从生活的细节中去了解孩子的需求。在孩子的教育过程中,父母扮演的角色是很重要的,单单靠在幼儿园里老师的努力是不够的。她妈妈一边应着我,一边不停地说着感谢老师。

在后来,浩浩的妈妈便经常通过班级的 QQ 群与我交流浩浩的各种情况。有什么问题和困惑,她总是第一时间来和我交流,听取一些合理的建议,一点一点在改变自己的同时也改变着浩浩。浩浩妈妈为此还辞去了繁忙的工作，一心一意在家照顾浩浩。即使因为浩浩的教育问题与家里人出现冲突，她也一直在坚持。浩浩妈妈陪浩浩一起阅读、一起看电影、一起画画、一起做很多事情，再也没有放纵自己和浩浩睡懒觉了，再也没有要什么就给什么。在浩浩妈妈和我们共同的努力下，浩浩发生了翻天覆地的变化。他变成一个会主动问好的孩子，会主动关心同伴的孩子，也渐渐地主动和同伴、老师交流了。他也学会帮妈妈做事情了，再也不争抢玩具了，自己主动学习写字、画画，自己吃饭，积极参加活动，争当小老师，还会帮忙监督他人，养成了良好的行为习惯，学习上也进步了不少。老师们都觉得他像变了一个人似的，小伙伴都爱和他一起玩了，大家都觉得浩浩是个乖娃娃。浩浩也觉得后来的自己更受欢迎，在各方面表现得更加积极向上了，像极了一个小小男子汉。浩浩妈妈和我交流时曾经谈到的有一句话，至今我都记忆犹新。她说："孩子在成长，我也在成长，从前我不是一个合格的家长，我也在改变，陪着孩子一起成长。"

在人一生的教育中，家庭教育是不可缺少的一部分，任何离开家庭谈教育都是不切实际的。幼儿期是孩子一生中最重要的时期，是在为以后的人生奠定基础，良好的家庭教育必然会对孩子的成长产生积极的影响。家长在与孩子的朝夕相处中，处处以身作则，以自己榜样的力量去影响诱导孩子的发展，这种无声的潜意识教育方法，在孩子的幼小心灵中可以起到"随风潜入夜，润物细无声"的作用，往往比说教式的教育作用更大。在浩浩的成长故事中，正是妈妈意识到了家庭教育的重要性继而做出的努力，才让浩浩成为今天懂事乖巧的孩子。

有句话说："成功的家教造就成功的孩子，失败的家教造就失败的孩子。"家庭环境影响幼儿的成长。在环境里，孩子在学习、在模仿，所以任何时候家长都要保证幼儿的成长环境是积极的，少让孩子接触负面的东西，多多引导孩子去接近更多正能量的一切。父母是孩子的第一任老师，对孩子的性格起决定作用。家长既要照顾到孩子的身体发育，也要重视孩子的心理发育。既要重视孩子的智力发育，又要重视孩子各方面能力的培养。不仅要教会孩子学习知识，更要教会孩子学会做人。父母越是重视家庭教育，意识到孩子需要的不是物质上的满足，而是对内心的呵护和关爱，能够去了解孩子的心理，遵循孩子心理发展的规律，去正确引导，孩子就会发展得越来越好。随着孩子年龄的增长，我们会惊讶地发现孩子越来越像自己的父母,但是没有哪些孩子会越来越像自己的老师。从这个意义上讲,家庭教育是其他一切教育的基础,它是如此重要。

儿童特别是幼儿缺乏理性地辨别是非的能力,但有着比成人敏锐的感受能力。而这种敏感性正是培养理性辨别能力的良好基础,家长可帮助孩子在这种感受能力的基础上,发展对社会生活的辨别能力和心理承受能力,过滤社会信息,优化孩子幼小的心灵,让家庭教育成为孩子成长发展的助力。

最后,关于家庭教育,我有几点小小的建议。

第一,以身作则,培养良好习惯。

幼儿期是培养孩子行为习惯的关键时期,要从小事抓起,注意生活细节,预防和矫正不良行为习惯。做好幼儿的榜样,让其养成良好的行为习惯,受益终生。浩浩妈妈严格要求自己,从自身开始改变,成功地为孩子树立了榜样。

第二,要有合理的目标定位。

避免期望值过高,要求过高和过分比较,要用良好的心态去看待孩子的成长进步。孩子的成长就好比一棵树,需要一个漫长的过程。在这个过程中可能会出现各种各样的问题,但是不要紧,孩子正是在不断出现问题、不断解决问题的过程中成长。我们要做的是为他提供能解决各种问题的条件。家庭应是允许孩子犯错的地方。在后来的交流中,我时常提醒浩浩妈妈要以平和的心态去看待孩子的发展进步,她也做得很好。

第三,多交流,多鼓励,少批评,少打断。

有的父母,特别是年轻父母,周末总是抱着手机玩个不停,从不认真倾听孩子说话,或是敷衍。这种行为会对孩子造成不良影响,也会使孩子与父母感情疏离。要多与孩子交流,倾听他们的想法,多了解孩子,才能更好地教育孩子。多关注多鼓励孩子,少批评他们,给他们自信。在孩子专注于一件事情时,除非有特别要紧的事,不要去打断他们,这样会影响孩子的专注力。也不要急于让他们去做其他的事情,要教会他们懂得做事情要有始有终。浩浩的妈妈抽出了更多时间来关注孩子,给了浩浩很多机会,鼓励他一次又一次的自我尝试,最终看到了孩子的进步。

第四,多加强家园联系。

主动与老师交流沟通,有问题有困惑提出来,一起解决。积极了解孩子的在园动态，配合好幼儿园的教育教学工作。这一点浩浩的妈妈做得特别好，一有问题她就积极通过电话、QQ等方式主动联系老师，把家园共育落到了实处。

第五，加强对孩子的安全教育和生命教育。

希望家长配合幼儿园加强对孩子的安全教育，在日常对幼儿进行防火、防溺水、防交通事故、防人身侵害的教育，培养幼儿的自我防范意识和自我防护能力，教会幼儿学会尊重他人、理解生命、热爱生命、珍惜生命，养成积极的生活态度，确保您的孩子健康、快乐地成长。

总之，孩子的教育不是一个人的事情，也不是一个人能够承担的责任。良好的家庭教育对孩子习惯的养成、生活态度以及学习都有着重大的促进作用。孩子的成长发展，不是只靠老师和学校来完成的，只有扎实做好家庭教育工作，才能让我们的孩子健康快乐地成长。我相信，只要每一位家长更用心一点，每一个孩子就会多进步一点。

特别的爱给特别的你

邢　荣　邻水县机关幼儿园

坤坤是果果四班的一名小朋友，刚刚接到这个班的时候，就已经听闻他的大名。班主任提前告知了我一些关于他的情况，没想到第一次交流竟然是以尴尬场面收场。我去找他聊天，亲近他，他却拒绝我，还记得他开口对我说的最后一句话是："你的嘴巴太臭了！"我回应了他："是吗？那我下次把牙刷得更清新些再跟你谈话。"

现在跟坤坤相处了已经快半年的时间了，他仍然是那个爱作怪、喜欢打人、沉默不语的坤坤。突然有一天，我在寝室备课，他一直跟着我，一直不停地问我："你在做什么？""为什么要写这个？""写这个干什么？"我告诉他："你该去上课了，我要做我的事情，你也要做你的事情。"他仍然不走，只是笑笑。我问他："你为什么不走啊？"他告诉我："因为我喜欢你啊！"

有一天上午的集体活动坤坤并没有参加，我已经接受了他自己的这种学习方式，并没有强迫他坐在这里。不知道他从哪里找到了几条彩色的绳子，收集了几片树叶，还画了一只粉红色的蝴蝶，分别装饰在彩绳上，直到吃饭的时间，都一直在忙活他的这件事情。

直到下午玩沙的时候，他害羞地从兜里拿出这条经过自己精心设计的项链："给你！"我终于收到了这份礼物，心中万分欢喜，我高兴地说："谢谢你，真漂亮，我特别喜欢这只漂亮的蝴蝶。"

坤坤最近似乎对数学特别感兴趣。从那一次余老师让他自己动手帮小朋友分香蕉后，他的兴趣由此而产生，寒假过后，依旧不减。这又拿出妈妈给买的数学书，做了起来，数得很对，并且很认真。

还记得以前坤爸爸问过我，说他的智商是不是很低？我想说孩子之所以不会数数，是因为他没有关注这一部分内容，当他对此感兴趣的时候，那发展的速度是很快的。

坤坤是由爷爷奶奶带大的，他的爸爸妈妈经常不在身边，爷爷奶奶采用的是放任型的教养方式，并且经常会在孩子面前数落妈妈的不是。爸爸妈妈常常吵架，有时候还动手。他的妈妈曾经在坤坤读小小班的时候，因为孩子哭闹着不上幼儿园，直接用踢的暴力方式让孩子屈服。在老师与她沟通的时候，她仍不听老师的建议，并且仍然采取强制、暴力的手段让孩子听话。

坤坤在幼儿园属于自由、散漫型，想做什么就做什么，沉默不语，很少和小朋友一起玩耍，小朋友也都不愿意接近他，因为小朋友都害怕他打人。平时生活中，他有骂人的现象，对学习没有兴趣，坐在教室里就是划桌子、敲桌子、钻桌子底，老师上课他发出尖叫声，午睡入睡难。

我们分析得出，孩子缺少父母的关爱，老一辈的溺爱与放任，让孩子在生活中没有规则、没有礼貌，他认为所有的人都不爱他，并且在与同伴产生矛盾的时候，选择了父母影响到的暴力解决问题。

根据这些情况，我们给予孩子一些情感上的支持，努力与他沟通，接近他，给他更多的关爱，让孩子充分感受到家的温暖。多给他一些自由玩耍的时间，进行学习、探索兴趣的引导。在集体生活中，根据他的特点，为他安排一些力所能及的事情，将他的优点扩大，缺点缩小，树立孩子的自信心。

最后的观察记录中，很多孩子都围着他看。其实，在大班最后的阶段，他已经成为我们班孩子崇拜的偶像，觉得他什么都敢做，什么都可以做，从敢抓蚯蚓，到给四季豆做稻草人保护四季豆，再到后来的维修工，他力气大、有义气、保护小朋友，赢得了大家的喜欢。

在幼小衔接的活动中，坤坤在课堂上表现得非常好，当他用比较标准的普通话来回答老师问题的时候，我们现场所有的人都惊呆了，这就是孩子的进步。别说不可能，在孩子身上，一切皆有可能！

我们在强求孩子达到所谓大众化发展的过程中，忽视了孩子的个体差异，总是觉得孩子没达到自己设定的目标就说孩子很笨，不成器。我想说，请等等我们的孩子，坐下来看看我们的孩子到底需要什么，我们只需要稍做引导，给予适当的教育方式，你一定会发现孩子让你更惊喜的一面！

兴趣——专注力——引导对于孩子来说太重要了！所以，在现在活动中，都是以观察孩子，发现孩子的兴趣点来组织活动，希望一切顺利开展，可以在这个过程中让我感受更多意外的惊喜！

　　幼儿园与小学最大的区别就是幼儿园没有分数的限制，只是希望孩子身心健康发展，尊重每一位儿童，合理地满足他们身心发展的需求，让他们热爱生命，热爱生活，更热爱自己主动去探索发现。依旧会想起《和儿子一起成长》的那本书里说：不管陪伴的时间长与短，哪怕是一个小时，我们也要有效地陪伴。教学也是如此，有效地教学，即便是几分钟对孩子来说都是宝贵的、终身受益的。坤坤虽然没有坐在教室里听我讲今天的内容，但是他也获得了发展。以前不画画的他，现在竟然喜欢画画了；以前总喜欢用黑色，现在会用一些柔美的颜色了；以前总是搞破坏，现在知道爱惜了；以前连一二三都数不会，现在可以自己拿着书，自己猜题的要求，对数学也有了兴趣。上次余老师在讲时钟的时候，他也会认真去听，也可以回答出余老师提的问题……我想这也是他的收获吧！

　　总之，幼儿园的老师要有更多的爱去爱孩子、理解孩子、支持孩子，这样才能给孩子提供更好的教育方式，因材施教才会真正地落实到工作中去。幼儿教师的任务很艰巨，我们一直行走在幼教的路上！

爸爸哪儿去了？
——家长开放日活动反思

邹长凤　岳池县第一幼儿园

一、案例描述

这是一次家长开放日活动。刘老师前几天就出了通知，也在班级QQ群里发了通告，告诉家长们让孩子爸爸来参加活动，以增进父子感情，让孩子们感受爸爸的阳刚之气。

结果，班里35名娃娃，第二天到班上来的爸爸还不到10位。刘老师走到妞妞跟前亲切地问道："妞妞，爸爸为什么没来呀？"妞妞嘟嘟小嘴说："爸爸没时间，叫爷爷奶奶来参加。"刘老师又向彤彤走去问道："彤彤，你家爸爸呢？"彤彤有点生气地说道："爸爸不好意思来参加，叫阿姨代替他。"

在接下来的活动中，刘老师设计了亲子制作"爱心树""伞"的活动，她发现妞妞的爷爷不让孩子用剪刀，他说有危险，而直接帮她做好。彤彤的阿姨直接把做的方法告诉她。看着这一切，刘老师陷入了沉思中……

二、案例分析

父亲的角色在孩子的成长道路上有着不可缺的作用。在现代家庭中，爸爸在孩子心目中的形象是繁忙、威严，孩子与爸爸接触交流的机会甚少。事实上经过接触和观察，幼儿对妈妈的情感和依恋远超过对爸爸的情感，而爸爸对幼儿教育的参与性也远远低于妈妈。父亲中有不少人的教育态度不够正确或因工作忙碌忽视了对幼儿的关心，这些从幼儿平时的谈话都能感受到。但是父亲对于孩子的成长起着至关重要的作用，多与爸爸接触的孩子，情商和知识信息量要明显高于每天只和妈妈在一起生活的幼儿。父亲和孩子一起游戏，既可以树立爸爸的形象，了解孩子的世界,又可以间接了解教学,拓展孩子们的视野。所以我们就设计了亲子活动让幼儿和爸爸一起游戏,进而感受爸爸的爱与妈妈爱的不同,对爸爸产生景仰、热爱、崇拜等情感。

案例中我们发现:活动大多是爷爷奶奶代替参加,而很少看到父亲的影子。职场的爸爸们都面临着两难的选择——一边是繁重的工作,一边是幼儿园的亲子活动。是选择参加亲子活动还是选择正常上班?对此,爸爸们无奈地表示:"我们知道活动很重要,但无暇分身,我们也很无奈。"想参加亲子活动又要工作,爸爸很无奈。这样由爷爷奶奶代替参加活动,出现了隔代教育,在这种由老人搭建的"温室"里生活的孩子,久而久之将形成任性脆弱、缺乏独立性、生活意志薄弱的弱点。老人们过分溺爱孩子,阻碍孩子健康成长。

三、对策与建议

1. 加强宣传力度,密切家园合作,提高家长对亲子活动教育价值的认识

家长观念的转变、更新是先决条件,只有让他们对"亲子活动"有正确的认识,他们才愿意多花时间参与到亲子活动中来,才能使家长真正成为幼儿活动的合作者与支持者。因此,通过学习资料的发放、家园联系栏的宣传、班级 QQ 的互动等方式,向家长传递最新的有关亲子活动的信息,向他们介绍亲子活动的目的、意义,明确亲子活动的意义、价值,提升对亲子活动的认识,从而愿意"走近"亲子活动。还可请家长与幼儿做好活动资料的收集与准备工作。

2. 发挥父亲作用,均衡家庭各成员的教育角色

在孩子的发展过程中,父亲和父爱的缺失会给孩子心理和行为发展造成很大的影响,父亲绝对不是母亲和孩子的亲子关系的一种补充,父亲的作用和角色是母亲所不能替代的。父亲通常具有独立、自信、勇敢、坚强等积极的个性特征,通过与孩子的游戏、交流和教导等对孩子的积极个性品质发展起极的个性特征,通过与孩子的游戏、交流和教导等对孩子的积极个性品质发展起重要作用。父亲较多地参与育儿活动,能提高孩子的认识技能、成就动机和对自己能力、操作的自信心。因此,为了促进孩子的成长,父亲就有必要扮演好自己教育者的角色,参与到孩子的童年中,和孩子一起游戏,促进孩子全面发展。

3. 依据家长合理需要，适当调整幼儿园亲子活动时间

家长无法参加幼儿园组织的亲子活动，很大一部分原因是都是上班族，无法经常请假参加活动。因此，可将一些亲子活动的时间做调整，调整至双休日、节庆日和一些开放日，如周末和节庆日的亲子郊游、结合开放日家长来园的时机开展亲子活动，从一定程度提高了父亲来园参加活动的参与率。

4. 科学引导，提高家长亲子活动的教育技能

在亲子活动中，教师不仅是活动材料的提供者、活动的引导者，还应是家长和孩子们的合作者。教师必须尊重家长，以平等合作的态度对待家长，同家长共同商量，形成良好的亲子氛围。因此，需要教师用其幼儿教育专业知识影响和引导家长，从而提高家长对开展亲子活动的教育技能。教师对亲子教育活动的指导是立体的，指导包括理论、形式、活动过程的具体的指导。

总之，家长开放日是个平台，有利于家园之间直接的双向交流与沟通。通过家长开放日活动，可以让家长们亲自体验孩子在幼儿园的生活和活动，真切地感受孩子的课堂表现，感性地聆听孩子的心声，多维度地交流学习教子育女的经验。同时更拉近幼儿园与家长的距离，统一教育思想，增进彼此间的沟通了解，掀起家园共育的高潮。

以孩子的眼光发现美

曾春梅　三台县芦溪幼儿园

在开展了社会活动"我的生日"后，为了巩固教学内容，拓展孩子的思维，我带领孩子们来到沙池，开展做蛋糕的活动。孩子们非常喜欢玩沙，一来到沙池就热火朝天地忙碌起来，不一会儿，浩浩和小宇的蛋糕就做好了，他们激动地邀请我："老师快来看，我们的蛋糕做好了！"果然，一个圆形的蛋糕呈现在我眼前。"哇！你们的蛋糕又圆又大，闻起来香喷喷的，可是，它好像和我们平时看见的蛋糕有点不一样呢，我好想吃有水果、有漂亮的装饰又美味的蛋糕呢！""知道了，我来画上花纹装饰一下！"浩浩马上忙碌起来。

"老师，我做最漂亮的蛋糕请你吃！"小杰和琳琳在做好的蛋糕上用小手细心地挖出许多洞洞，并用指头在空隙处画出许多弯弯扭扭的曲线，最后还在上面插上一根小树枝，看起来一点也不像完整的蛋糕。"这是谁的生日蛋糕啊？为什么有这么多洞洞呢？"我问。"这是我的生日蛋糕，我喜欢走迷宫，我的蛋糕是一个大大的迷宫，谁最先走完迷宫，就可以吹蜡烛，吃蛋糕！"小杰骄傲地向大家介绍。"迷宫蛋糕真神奇！老师还能看见其他种类，不是迷宫，不同形状，更神奇的蛋糕吗？"听我这么一说，孩子们做得更起劲了，有的做了城堡蛋糕，有的做了爱心蛋糕，有的做了月亮蛋糕……蛋糕的形状不再是刚开始时单一的圆形，有的还做了多层蛋糕，蛋糕上的装饰也更加精美，有的小朋友还找来小勺子、树枝等当蜡烛，围在一起像模像样的开起了生日派对。整个沙池里洋溢着浓浓的创作激情，孩子们互相分享着，共同开心着！

《3—6岁儿童学习与发展指南》中指出，老师要帮助幼儿养成敢于探究和尝试、乐于想象和创造等良好学习品质，老师的正确引导是孩子充分体验的保证。通过活动中幼儿的表现，我认识到，幼儿对事物的感受和理解不同于成人，他们表达自己认识和情感的方式也有别于成人，老师要及时对幼儿的活动给予引导,帮助他们运用已有的生活经验创造性地开展活动。并及时与幼儿交流,了解他们的作品所表达的内容和情感,从幼儿的思维角度来给予引导和指导,拓展幼儿的思路,让幼儿对学习内容的认识更深入和宽泛。

在活动中,小杰的迷宫蛋糕看起来虽然并不像我们印象中的蛋糕那么完美,却被许多小朋友认为是最漂亮的蛋糕。许多小朋友也正是在迷宫蛋糕的启示下,创作出了形态各异的作品。这充分反映了《指南》中所指出的:幼儿独特的笔触、动作和语言往往蕴含着丰富的想象和情感,老师应对幼儿的艺术表现给予充分的理解和尊重,不能用自己的审美标准去评判幼儿,更不能为追求结果的"完美"而对幼儿进行千篇一律的训练,以免扼杀其想象与创造的萌芽。

小蝌蚪变青蛙（中班综合活动）

朱 娟　邻水县解愠中心幼儿园

一、活动意图

小朋友很喜欢接触大自然，大自然里有很多动物都是人类的好朋友，我们应该让小朋友认识身边的小动物，产生保护小动物的情感，爱护生命的情怀，于是产生了"爱护小动物"的主题活动，小蝌蚪变青蛙就是其中的一个活动。

二、活动目标

（1）学唱儿歌《小蝌蚪》。
（2）了解小蝌蚪变青蛙的过程并能够正确运用肢体动作表现出来，体验运动的快乐。
（3）树立初步的爱护蝌蚪和小青蛙的意识。

三、活动重点

学唱儿歌《小蝌蚪》。

四、活动难点

能够正确运用肢体动作表现出小蝌蚪变青蛙的过程。

五、活动准备

（1）歌曲《小蝌蚪》，录音机。
（2）小蝌蚪、长出后肢的小蝌蚪、长出前肢的小蝌蚪、没有尾巴的小蝌蚪以及青蛙的胸牌若干，五片自制荷叶大垫子。

六、活动过程

（1）导入：用谜语引出小蝌蚪。

师：今天老师带来了一个谜语，大家来猜一猜这是什么。

"身子大，尾巴细，身上穿黑衣，游来游去在水里，青蛙叫他乖宝宝。"

幼：小蝌蚪。

师：小蝌蚪长大后会变成青蛙，可是小蝌蚪是怎么样一步一步变成青蛙的呢？请小蝌蚪用儿歌来告诉大家答案吧。

（2）播放音乐《小蝌蚪》，初步了解儿歌内容。

师：《小蝌蚪》这首儿歌唱完了，它唱了什么？

幼：长出后腿、长出前腿、尾巴不见了、变成青蛙了。

（3）再次播放音乐，让幼儿了解小蝌蚪变青蛙的正确顺序，并且熟悉儿歌歌词，能够大概唱出来。

师：小蝌蚪是先长出前腿还是先长出后腿的呢？咱们再来听一听。

教师小结：小蝌蚪最开始长出后腿，然后长出前腿，慢慢地小尾巴不见了，最后变成了青蛙。

（4）请幼儿自由创编相应的动作，边唱边做动作。

师：请小朋友们帮忙，给小蝌蚪的儿歌配上你喜欢的动作，边唱边做动作，和小蝌蚪一起玩。

（5）表演游戏。

请幼儿自由选择胸牌，按照小蝌蚪变青蛙的正确顺序，依次站在荷叶上。教师再次播放音乐，小朋友们依次边唱边表演儿歌。

（6）师幼总结。

师：今天小蝌蚪非常高兴，小朋友们都知道它变成青蛙的过程了，青蛙是益虫，它帮助农民伯伯吃掉庄稼的害虫，是人类的好朋友，小朋友们都要保护小蝌蚪和青蛙。请小朋友回家后把这首儿歌唱给爸爸妈妈听，一起和它们交朋友。

七、活动延伸

请小朋友将小蝌蚪变青蛙的过程，画下来。

草绳大闯关(大班体育活动)

张 羽 邻水县观音幼儿园

一、活动意图

《3—6岁儿童学习与发展指南》指出:幼儿阶段是儿童身体发育和机能发展极为迅速的时期,也是形成安全感和乐观态度的重要阶段。发育良好的身体、愉快的情绪、强健的体质、协调的动作是幼儿身心健康的重要标志,也是其他领域学习与发展的基础。为丰富我园幼儿的体育活动,锻炼他们的身体,并能有效改善我园户外体育运动器具缺乏的状况,我园积极开展了县级普教课题《农村幼儿园乡土资源线型材料编织的开发与利用》。如何因地制宜,就地取材,将农村的自然资源、蕴藏的民间传统的造型艺术和丰富的想象力融入对活动器具的制作,特别是如何使用乡土编织材料创造幼儿感兴趣的活动,是我们这一课题研究的核心。稻草在乡村随处可见,用稻草编织而成的草绳,即刻就可以成为孩子活动的器具,由此"草绳大闯关"活动产生了。

二、活动目标

(1)提高幼儿身体的平衡性与协调性。
(2)培养幼儿的规则意识,遵守游戏规则,并能与同伴积极合作
(3)培养幼儿热爱家乡,萌发幼儿对乡土化运动活动的感受力和表现力,体验游戏的快乐。

三、活动重点

幼儿在游戏时身体的平衡与协调。

四、活动难点

遵守游戏的规则,以及同伴间的合作。

五、教学方法

主要教学方法有自由探索法、游戏法。

六、活动准备

（1）经验准备：幼儿已有前期玩绳的经验。

（2）材料准备：音乐《军队进行曲》、每人一根150厘米的草绳、若干根3米长的草绳。

（3）场地准备：较宽阔的场地。

七、活动过程

（1）热身运动（音乐）。

（2）热身运动后分给每位幼儿一根绳子，让他们自由探索玩法。

师：今天，慢慢羊村长送给每位小朋友一根草绳，大家一起来玩一玩。

师：孩子们，你们一个人是怎么玩的？几个人一起又是怎么玩的？

（3）请幼儿与教师一起布置游戏场地，讲解示范游戏玩法。

① 以运动会形式，引出闯关。

师：学校的草绳闯关赛即将开始，需要带上自创的4个游戏关卡，在完美的进行闯关，表现优秀者将获得胜利。

② 教师与幼儿一起布置场地4个关卡，讲解游戏玩法。

a. 踩绳跳：双脚踩着草绳，双手拉紧草绳后从起点跳到第二关处。

b. 青蛙跳远：草绳摆成5排，中间距离可变化，学着青蛙跳远。（青蛙动作标准，踩着草绳算犯规）

c. 小马独木桥：草绳摆成两条平行线，双手双脚放在草绳上一个接一个地向前爬行。（手脚不能放在草绳外，在草绳外就算犯规）

d. 跳绳跑：小朋友手拿草绳，跑着跳，一直到终点。（没有跑着跳的就算违规）

（4）幼儿正式进行闯关赛。

师：每位小朋友合作着进行闯关，注意不要违规哟。

（5）闯关结束后，带领幼儿进行放松运动。

八、活动延伸

自己创编新的草绳玩法，在之后的户外活动中进行游戏。

安全标志我知道

刘翠薇　盐亭县云溪幼儿园

一、活动目标

（1）让幼儿认识生活中一些常见的安全标志，以及安全标志的分类。

（2）让幼儿懂得基本的安全知识，知道发生火灾后简单的自救方法，提高自我保护意识。

（3）鼓励幼儿在生活中做一个善于观察的有心人，懂得安全的重要性。

二、活动准备

（1）材料准备：多媒体课件一套，安全标志图片一套，红绿灯一个，自制汽车两辆，红色、黄色、蓝色和绿色盒子各一个。

（2）经验准备：幼儿和老师到大街上去寻找安全标志，并拍成视频。

三、活动过程

1. 导入部分

（1）教师放拍摄好的视频让幼儿观看，引起幼儿的兴趣。

（2）提问：你看到了什么？这些标志是干什么用的？幼儿举手回答。

师：生活中还有很多这样的标志，今天老师就和小朋友一起来认识它们，这就是我们今天的主题"安全标志我知道"。在认识之前呢，老师还给小朋友请来了一位客人，让他来给我们介绍吧。（放课件：出现一位小警察说话："咳，大家好，我是你们的好朋友嘟嘟警察，在生活中有很多的安全标志需要我们去认识，今天我把他们都带来了，他就藏在你的身边，快找一找吧。）

2. 基本部分

（1）请小朋友找出藏在自己身边的安全标志并认识它们。（课前将安全标志图板藏在凳子下）

师：小朋友，我们来认识一下手中的标志朋友吧，请认识的小朋友带着你的标志娃娃来介绍给大家吧。（请三个小朋友介绍）还有这么多小朋友都想来介绍你的朋友，这样吧，请大家把标志送到老师这来，我们一起来认识吧。（逐一请小朋友到前面来认识手中的标志）

（2）老师小结：小朋友看，这些标志中有的是红色的，有些是黄色的，还有的是蓝色、绿色的，它们代表什么意思呢？还是请嘟嘟警察来给我们介绍一下吧。（放课件：标志通常分为三类，黄色的三角形标志，是提醒或警告我们要当心注意的，叫作"警告标志"；蓝色或绿色的标志，提示我们应该怎样做，通常叫作"提示标志"；红色标志上有一斜杠，禁止我们做某些事情，叫作"禁止标志"。）

（3）师：原来不同的颜色和形状代表不同的意思，那小朋友看看你手中拿的是什么标志，老师前面有三个不同颜色的盒子，请给你手中的标志找到自己的家吧。小朋友操作，老师点评。

（4）重点认识禁止烟火和红绿灯。

师：咦，嘟嘟警察，还有两个非常常见的标志怎么没来呢？

放课件，嘟嘟警察说话："来了，来了刘老师，因为这两个标志的工作太忙了，所以来迟了。"大屏幕跳出红绿灯和禁止烟火两个标志，老师和幼儿一起认识。

① 认识禁止烟火标志。

师：如果乱扔烟头或玩火会发生什么事情呢？

放课件让幼儿观看着火的场景，认识禁止烟火的标志。

师：如果在我们的身边真的发生了火灾我们该怎么办呢？幼儿举手回答，并观看大屏幕上的人是怎样做的。

老师讲解逃生的方法并一起演练一次。（用湿毛巾捂住嘴和鼻，弯下腰，往有安全出口的地方跑）

② 认识红绿灯。

师：没有红绿灯或不看红绿灯会发生什么事情呢？（老师放课件幼儿观看）

师：我们应该怎样过马路呢？幼儿自由讨论。

请两个幼儿指挥红绿灯，两个幼儿当司机，几个幼儿当行人，一起做过马路的游戏。

放课件，一起欣赏过马路的儿歌。

小乌鸦爱妈妈（大班语言活动）

衡娅琴　盐亭县文同幼儿园

一、设计意图

很多家长告诉我，孩子上大班了，语言丰富了，游戏和表演能力增强了，可是爱心和同情心还是缺乏，很多时候不懂感恩，不尊重长辈，希望我在班上多开展感恩教育活动，所以我就通过《小乌鸦爱妈妈》这首充满爱心的歌曲，让孩子们明白：爱不仅仅是索取，更重要的是付出和奉献，教育他们懂得爱、学会爱。

二、活动目标

（1）学习歌曲《小乌鸦爱妈妈》，要求幼儿用自然，亲切的声音学唱歌曲，能唱出对小乌鸦爱妈妈行为的赞赏与尊重，表达出孩子们爱鸟的心情。
（2）通过歌曲的学习，教育幼儿要爱护，尊重自己的长辈。

三、活动重难点

有感情地演唱歌曲并能用赞美、亲切的情绪演唱歌曲。

四、活动准备

flash 课件。

五、活动过程

1. 谜语导入，引出歌曲

师：在我们美丽的大自然中生活着很多种鸟，小朋友最喜欢什么鸟？你们想不想知道老师喜欢什么鸟？大家猜猜下面的谜语"两只眼睛圆又圆，小小嘴巴在中间，羽毛黑黝黝，唱起歌来哇哇哇"。（出示课件）

师：今天啊，小乌鸦要邀请大家去它的家里做客，现在就让我们出发吧。

2. 故事情境，学习歌曲

（1）（播放画面，教师深情讲述）我们和小伙伴们走着走着，就来到了一片美丽的大森林里，在这儿住着乌鸦妈妈和它的孩子们一家，乌鸦妈妈每天都要飞到很远的地方去找虫子给它一群可爱的乌鸦宝宝吃。小乌鸦在妈妈的精心照料下一天天长大了，它们学会了飞翔，学会了捉虫，可是乌鸦妈妈老了，飞不动了，只能一个人孤单单的待在家里，乌鸦宝宝呢？它去哪里了啊？我们来听听这首歌曲就知道了。（flash 播放歌曲动画）

（2）小朋友听得真仔细，看得真专心，今天我们就来学唱这首歌曲，听听歌曲是怎么来写小乌鸦的？

（3）老师范唱旋律，幼儿完整欣赏歌曲。

（4）幼儿完整朗读歌词。

（5）分句教唱歌曲。

学习第二段，问：你认为这首歌曲中最感人的是哪个地方？生活中你是怎样关心妈妈的？妈妈什么时候最开心？

学习第三段，用表扬、赞赏的语气唱。问：这么可爱的小鸟我们应该怎样对待它呢？（爱护小鸟，爱护环境，使我们的世界更美丽。）

（6）小朋友们今天学习《小乌鸦爱妈妈》非常投入，现在我们来看看，这首歌曲应该用怎样的感情、怎么样的速度来演唱最合适。

分角色分段演唱歌曲。（第一段，表现小乌鸦：活泼可爱，稍快。第二段，表现乌鸦妈妈：深情婉转，稍慢。第三段，表现小朋友：赞赏歌颂，中速。）

（7）集体完整演唱歌曲一次。

3. 情感升华，拓展歌曲

（1）师：今天我们学习了这首《小乌鸦爱妈妈》，小朋友有没有什么新的感想？幼儿自由讨论。

（2）师：其实爱这个字眼无时无刻不存在于我们的生活当中，比如说母子之间浓浓的亲情，兄弟姐妹之间互帮互助，互相关爱，还比如说像师生同学之间的关爱等等，爱不仅仅是索取，更重要的是付出和奉献，你们说对不对？

（3）师：这首歌曲《小乌鸦爱妈妈》的创意来自成语"乌鸦反哺，羔羊跪乳"，连动物都懂得感恩、尽孝，何况是我们人类呢？的确，我们要感谢的人太多太多，《感恩的心》就唱出了我们每个人的心声。

（4）播放歌曲《感恩的心》师生手语表演。

师：拥有一颗感恩的心，你就是最幸福的人，让我们捧着这颗感恩的心去感谢生活中的美，让我们的生活充满爱！

4. 小结

师：今天这节课我们学习了特别好听的歌曲《小乌鸦爱妈妈》，我们知道歌曲中的小乌鸦是个特别懂事特别乖巧的好孩子，那么我们是不是应该像小乌鸦一样热爱自己的妈妈呢？让我们回家后帮妈妈做一件力所能及的事情，而且你可以回家后把这首歌曲唱给妈妈听，她一定会很高兴的。

六、教学反思

本次活动我主要想通过歌曲的学习增进孩子们对妈妈的感情，让他们通过歌曲的学习明白一个道理：爱不仅仅是索取，更重要的是付出和奉献。让孩子们懂得爱、学会爱；同时要求幼儿用自然、亲切的声音学唱歌曲，能唱出对小乌鸦爱妈妈行为的赞赏与尊重，表达出孩子们爱鸟的心情。

在教学中我首先用谜语导入，引出歌曲。然后用课件创设一个充满爱的教学情境学习歌曲，这个环节又通过老师的深情讲述让幼儿更好地体会歌曲中的感情"当妈妈老了，不能飞了，小乌鸦应该为妈妈做什么"？幼儿讨论"小乌鸦能报答妈妈，那我们的小朋友又能做什么呢"？让孩子们明白：自己的妈妈那么辛苦，我要为妈妈做一些力所能及的事情，能有感情的演唱歌曲，并能体会到妈妈对自己的爱。

最后情感升华，拓展歌曲部分再次以小乌鸦懂事、有爱心为主题展开讨论，其中的一个环节播放歌曲《感恩的心》让幼儿进行手语表演，让他们更深刻地领悟到：爱不仅仅是索取，更重要的是付出和奉献，拥有一颗感恩的心，你就是最幸福的人。

作为这堂课的组织者、引导者，我深深地知道真正能打动人心的音乐课才是我们每一位孩子所期盼的，愿在今后的教学中，通过我的不懈努力，我的音乐课堂会变得越来越灵动和美好。

"洞洞"创意画（大班美术活动）

徐安萍　盐亭县玉龙幼儿园

一、活动目标

（1）引导幼儿大胆构图，学习撕成不同形状的洞洞，并在"洞洞"上想象创作。

（2）体验美术活动的兴趣以及对美的感受。

二、活动重点

在"洞洞"上创意。

三、活动难点

启发幼儿，鼓励幼儿大胆想象，敢想敢做，勇于创新。在游戏中开发孩子们的思维。

四、活动准备

（1）经验准备：幼儿已掌握了撕纸的基本方法、手指操。

（2）材料准备：① 固体胶、彩色笔、油画棒，每人一份。
② 彩纸若干、托盘四个、白纸 4 张。
③ 轻音乐。

五、活动过程

1. 手指游戏

教师：小朋友们用你们能干的小手跟着老师一起来做做手指操吧。

2. "洞洞"畅想

（1）观察洞洞的形状和位置。

提问:"看,这张纸上有许多的洞洞,它们有什么不一样?"
(幼儿讨论、抽部分幼儿回答、老师小结)
(2)讲述想象。
提问:"看到这些洞洞你会想到什么呢?"
(幼儿讨论、抽部分幼儿回答、老师小结)
(3)提问:怎么样才能使得这些洞洞更像小朋友想象的形象呢?(出示辅助材料)

3. 欣赏——"洞洞"创意

强调:先思考怎么构图,然后在纸上撕成姿态不一的洞洞,选择合适的彩纸粘贴在洞洞背面,再用油画棒或者彩色笔添画。

4. 幼儿分组进行"洞洞"创意,教师巡回指导

教师:小朋友们,大家想不想自己动手创作一幅漂亮的"洞洞"画呢?请听好老师的要求:我们分成四组,每组的小朋友要合作完成一幅画,首先小朋友要讨论准备做什么,在什么地方做,然后再开始撕成不同形状的洞洞,最后选择合适的彩纸粘贴在洞洞的背面,并添画。要把撕下的废纸放到托盘里,保护我们周围的环境。现在每组的小组长来领托盘。(放轻音乐,教师做巡回指导。)

5. 展示并讲述自己作品

让每个小组分别进行展示,并鼓励幼儿大胆的讲述自己的作品内容。

六、活动建议

活动结束后,可做如下延伸:
(1)将幼儿的作品布置在活动室的墙壁上,大家共同欣赏。
(2)在美工区放置各种彩纸等辅助材料,供幼儿再次操作。
(3)在美工区选取一些"洞洞"作品添置在阅读区,供幼儿讲述用。

我爱我的幼儿园（大班语言活动）

杨惠萍　盐亭县教研室

一、活动目标

（1）阅读大书《我的幼儿园》，体验故事所蕴含的情感。
（2）利用图文匹配自制小图书的方式，表达儿对幼儿园的热爱之情。
（3）能大胆、清楚地表述自己的想法，愿意与同伴分享自己的阅读经验和感受。

二、活动准备

（1）幼儿有早期阅读和自制图书的前期经验。
（2）收集幼儿在园的成长照片，制作成主题墙。
（3）故事大书和PPT课件。
（4）自制小图书《我的幼儿园》每组一套（写上文字提示，如图所示），彩色笔。

| 这是我的幼儿园 | 在幼儿园我很快乐 | 在幼儿园，我学会了 | 毕业了，我会想念 |

三、活动过程

（一）情境导入，激发兴趣

欣赏主题墙，引出学习主题。

师：这是你什么时候的照片？你正在干什么？（激发幼儿讲述的兴趣）
师：有位小朋友佳佳也带来了她的成长相册，一起来看看吧。

（二）赏析图书，理解内容（播放课件）

1. 阅读绘本

（1）阅读封面，鼓励幼儿大胆猜想故事内容。

师：你看了什么？

师：你是从哪看出来的？（雨点画的很大，我看见幼儿园的房子，我看见教室里的小朋友了。）

师：即使天空下着大雨，佳佳也要坚持去上幼儿园，因为，幼儿园是个快乐的地方，每天都发生许多有趣的事情呢！

（2）阅读绘本第2~7页，引导幼儿观察理解、猜测想象，支持幼儿理解故事内容。

师：在幼儿园里，佳佳认识了那些人？（幼：老师，小伙伴，门卫叔叔……）

在幼儿园，你又认识了谁？（幼：刘老师，我的朋友，王阿姨、园长……）

师：在幼儿园里，佳佳学会了那些本领？

（幼：表演故事，看书，骑小车，自己吃饭，滑滑梯，做游戏，自己乘车回家……）

师：你们也会好多本领，谁来说一说？

（我会，我会画画，我会扫地，我会用积木搭城堡……）

师：佳佳为什么笑得那么开心？

（幼：她画了一匹斑马，老师的表扬她了。她在看自己喜欢故事书，很开心。和大家一起过圣诞节，收到了圣诞礼物……）

师：在幼儿园，你最开心的是什么？

（当值日生，在幼儿园过生日，参加画展，老师带我们去春游……）

师：幼儿园里开心的事太多了，说也说不完。在幼儿园里，有欢笑，也有泪水，是什么事情让佳佳哭了？

（幼：她在看《雪孩子》的故事，看到雪孩子化成水后，她就哭了。班上养的小金鱼死了，佳佳在哭。佳佳把玩具弄坏了。别人不和她玩。）

师：在幼儿园我们都会遇到像这样的经历，这就是成长的过程，看！三年过后，佳佳长大了，你从那些地方看出佳佳长大了？

（换牙了。个字长高了。上小班是秋天，树叶是黄色，现在是夏天，树叶是绿绿的，我们也要毕业了。她的画越画越好。小的时候，佳佳只会骑木马，现在会荡秋千。头发长长了。）

毕业后，佳佳会想念谁呢？

（在这一环节，重点是"读图"目的是通过识别图画的基本信息，如：

人物、背景、物体等，引导幼儿对画面进行观察和描述，感受片段性故事情节，这一阶段不追求故事的完整性，而是让幼儿带着信息以验证的态度阅读图画书，在阅读中取解决问题，帮助幼儿提高语言表达以及同伴间互相倾听、互相补充的能力。）

过渡语：幼儿园是佳佳认识好多人的地方，也是她长大后会想念的地方，佳佳的故事都在这本大书里，我们一起来读读！

2. 师生共同阅读大书

（教师朗读绘本故事，同时点读图内文字，并通过提问的方式，让幼儿进行模仿表达，鼓励幼儿用完整、连贯的语言地表达自己的想法。这样，既让幼儿对故事有个完整的印象，也让幼儿感受书面语言的美。早期阅读不等于早期识字，所以在绘本教学中，更多的是培养幼儿对文字符号的兴趣。）

（1）你听到了什么？

（2）一起来读一读，讲一讲。

（三）经验迁移，制作小图书

（1）师：再过一段时间，你们就要毕业了，离开了幼儿园，你会想念谁？

师：我们也来当一个小作家，画一画自己心目中的"我的幼儿园"吧！

（2）提供做好文字提示的画纸，每组一套，幼儿自己选择一个主题，模仿绘本的绘画风格，用绘画的形式表达自己的阅读体验。

（3）交流分享。

大家一起欣赏小组合作完成的小图书，请幼儿讲述画面内容。

四、活动建议

（1）将小组做好的小图书，放置到书架上供大家阅读，活动自然延伸到课后。

（2）鼓励幼儿以多种方式如"学说一句祝福""制作爱心感恩卡"来感谢幼儿园工作人员对自己的关心和爱护，表达自己对幼儿园的热爱之情。

（3）结合故事内容将幼儿的照片制作成PPT，在主题活动"再见了，幼儿园"进展期间，向幼儿和家长进行展播，让幼儿不仅懂得了幼儿园生活的珍贵，更憧憬进入小学后，要努力做一名优秀的小学生。

五、教学材料

"幼儿园活动整合课程"大班"再见了，幼儿园"主题下配套大书。

岳池七日游（中班健康活动）

刘志莉 岳池县示范幼儿园

一、设计意图

岳池是我们美丽的家乡，为了让幼儿了解岳池美丽的景色，热爱家乡，我设计了一节健康课，让幼儿在活动中能够理解歌谣，在游戏中能体验快乐。

二、活动目标

（1）培养幼儿爱家乡、爱祖国的情感。
（2）训练幼儿单脚跳和单脚跳的能力和节奏感
（3）训练幼儿能根据指令跳到对应的方框里。

三、活动准备

《岳池七日游》歌谣、七张泡沫垫、星期一到星期天的卡片，《new soul》音乐、岳池的歌谣中出现景色图片。

四、活动过程

1. 导入

播放音乐《new soul》，带领幼儿进入场地，做准备活动，带领幼儿根据音乐节奏做热身运动（点头、垂肩、扭腰、颤膝等等）。

2. 介绍家乡的风景（出示PPT）

（1）小朋友们、你们知道你们的家乡在哪里吗？

幼儿自由介绍自己的家乡在什么地方？（有点幼儿说自己的家在某条街上，有的幼儿说在什么地方旁边，教师引导幼儿说出地名。比如四川，广安，岳池。）

教师小结：老师的家在岳池，所以岳池就是我的家乡。你们的家在哪里，哪里就是你们的家乡。

（2）你们知道岳池都有哪些美丽的风景吗？（出示PPT）

今天，我想带小朋友一起去欣赏这些美丽的风景?依次给小朋友介绍七张美景图片，每张图片介绍完以后要总结图片是什么地方，帮助幼儿记忆。

教师：小朋友数一数，有几个地方呀！（幼儿点数）对，七个地方，就像我们的星期宝宝一样，有七天。

教师小结：那老师从星期一到星期天我们每天去一个景点，依次带领小朋友去看一看、游一游好不好？可是我们怎么去呢？小朋友自由讨论（坐飞机、汽车、火车去）。

3. 带领小朋友去旅游

（1）那我们就先做飞机一起去旅游，出去旅游的时候是不是要讲规则呀！小朋友认真听，现在我们开上飞机，老师每说到星期几的时候，小朋友就开飞机原地踏步3下。（比如老师说星呀星期一，小朋友原地踏步踏三下，我们停下来看看风景，老师说："星呀星期二，小朋友再踏步三下，停下来看看风景。"）现在飞机起飞了，准备好了吗？（老师带领幼儿开飞机，练习小朋友踏步）

星呀星期一，余家河畔透透空气。

星呀星期二，陆游广场去转一转。

星呀星期三，我们去爬金城山。

星呀星期四，去游翠湖的尖山寺。

星呀星期五，一起来到岳池东湖。

星呀星期六，凤山公园里游一游。

星呀星期天，象鼻湖里玩整体。

（2）觉得岳池的风景怎么样呀！老师带领你们再去游一次，现在我们开始到下一个地方，有一种小朋友没有见过的方式，我们坐上蹦蹦床一起跳过去，现在小朋友试一试，双脚跳起来，离开地面。（习3~4次）游戏开始了（老师介绍游戏规则）老师说到星期一的时候，小朋友就跳一下。带领幼儿反复读儿歌。

（3）老师将星期一到星期天的图片放到对应的方框里，请小朋友单脚跳到对应的方框里，现在老师带领你们玩另一个游戏。

① 训练幼儿平衡能力。

现在和老师一起单脚站立。（请幼儿单脚站立，训练幼儿的平衡感。）先出左脚再出右脚。

② 训练幼儿单脚跳的能力。训练幼儿原地单脚跳的能力。

我们有一个游戏规则：当老师念到星期几的时候小朋友单脚跳到相应的方框里面。

（4）加大难度。（打乱星期几的顺序，请幼儿单脚跳到相应的方框里，幼儿边跳边念儿歌。）

现在当老师念到星期几的时候，小朋友就单脚跳到对应的方框里面，我们来看一看，谁是最棒的！

4. 结束部分

现在小朋友已经学会了我们这个游戏，请小朋友开上你火车到你喜欢的地方去旅游，组织幼儿自由创编的玩法，比如跑、飞等等。

赞岳池，夸美食（大班社会活动）

丁莉萍　岳池县示范幼儿园

一、设计意图

本次活动主要是充分利用本地社会资源，了解岳池的风土人情，从而引发幼儿感受岳池文化的丰富与优秀，更了解岳池的地方特色食品，充分挖掘乡土教育资源，更有利于幼儿了解家乡、亲近家乡的情感。

岳池县位于川东嘉陵江畔与华蓥山脉交会地带，气候湿润，特产丰饶。岳池米粉、顾县豆腐干、黄龙贡米、双鄢脐橙、西板豆豉等声名远扬。让幼儿在活动中体会家乡饮食的魅力，引发幼儿对家乡的关注，萌发幼儿的爱家乡情感。挖掘和开发家乡美食资源，这些对于幼儿来说充满魅力，走近了幼儿的视野，融入幼儿的生活。

二、活动目标

（1）了解岳池的风土人情，引发幼儿感受岳池文化的丰富与优秀。
（2）了解岳池的地方特色食品，培养幼儿热爱家乡的感情。
（3）通过幼儿实际操作，培养幼儿的观察能力和动手能力，激发幼儿的求知欲。

三、活动重点、难点

（1）初步认识岳池。
（2）初步了解什么是特色食品。

四、活动准备

（1）多媒体PPT课件。
（2）米粉及豆腐干实物、剪刀、白色的纸张若干等。

五、活动过程

1. 导入部分

师：宝贝们、你们认识我吗？幼：不认识。师：那老师自我介绍一下吧，我姓丁，你们可以叫丁丁老师，来宝贝们叫一下，丁丁老师好。幼：丁丁老师好。师：呀！宝贝们记性可真好，一下就记住了。师：宝贝们你们是哪里的人？不知道吧！那老师告诉你们吧，我们是四川省广安市岳池县人，岳池还有一个名称叫"银城"，宝贝们，你们知道岳池哪里有好玩好看的吗？幼：岳池翠湖、陆游广场等等。师：那今天丁丁老师就带宝贝们去看一看风景秀丽的岳池吧！

2. 过程部分

（1）出示多媒体PPT课件演示，引导幼儿观察，让幼儿自由发挥想象力，并能用丰富的语言表达自己情感。

师：这上面是哪里呢？幼：岳池翠湖，师：上面有什么？幼：有高塔、有山、有水、有船、有凉亭、有树。师：对呀，这就是岳池翠湖的尖山寺。师：这上面是哪里呢？幼：陆游广场……师：这上面是哪里呢？幼：外滩夜景……师：这上面是哪里呢？幼：岳池东湖……

（2）出示多媒体PPT课件演示，引导幼儿观察，让幼儿说说自己吃过好吃的美食。

师：岳池是我们美丽的家乡，这里不仅风景美丽而且有很多好吃的东西，你们知不知道我们岳池都有哪些特产小吃呢？

师：你吃过什么好吃的美食呢？它叫什么名字？幼：有米粉、豆腐干……师：宝贝们说了这么多的特色美食，那老师带你们去看一看到底有些好吃的美食呢？

（3）播放PPT课件出示家乡美食图片，老师引导幼儿观察每一幅图片，让幼儿说说这里面都有一些什么和美食。

① 出示岳池特产小吃图片（岳池米粉、顾县豆腐干、黄龙贡米、双鄢脐橙、西板豆豉）。

② 请个别幼儿介绍自己吃过的美食。它是什么味道的？你是在哪里吃到的？引导幼儿用完整的语言表达。

3. 结束部分

（1）老师小结。

刚才老师带宝贝们去观看了好多的好吃美食，有什么呢？幼：有岳池米粉、顾县豆腐干、黄龙贡米、双鄢脐橙、西板豆豉。

（2）美食大家做（操作活动）。

幼儿用美术纸来制作米粉和豆腐干。把纸剪成细条作米粉，把纸剪成长、正方形作豆干。

（3）幼儿分组活动。

在操作中，老师对每组幼儿进行指导、提醒幼儿注意安全。（鼓励幼儿大胆制作，正确使用剪刀）

4. 活动延伸

今天老师给宝贝们带来了咱们的米粉和顾县豆干，那请宝贝们跟丁丁老师一起去品尝吧。

六、教学反思

本次活动是大班综合活动。通过活动，让幼儿认识岳池，激发了幼儿热爱生活的情感；通过活动，让幼儿了解岳池的地方特色食品，感受了家乡饮食的特色，培养了幼儿热爱家乡的感情；通过活动，让幼儿动手操作，培养幼儿的观察能力和动手能力，激发了幼儿的求知欲。所以，我认识到：

（1）让幼儿身临其境，增加幼儿的感性认识。在活动一开始利用图片及多媒体课件，把岳池的形象展现给幼儿，幼儿看到家乡美景都兴奋不已，通过展示岳池一些美丽的风景图片，让幼儿欣赏家乡的风景，知道这是我们美丽的家乡——岳池。

（2）通过实物教学，让幼儿认知家乡特色美食。活动中，幼儿通过图片知道了岳池特色美食，更重要的是通过实物教学，让幼儿认识了这些食品的形状、颜色，品尝了其味道，能够完全认知这些特色美食。

（3）让幼儿亲身体验，游戏贯穿始终。将美术活动中的手工运用于此教学活动中，通过开展制作"岳池米粉""顾县豆腐干"，幼儿在玩中学、学中玩，体验着手工的乐趣、情趣之所在。幼儿在其中体验到了成功和快乐，在快乐中感受到了家乡特产的美好，萌生了幼儿的爱乡之情。

（4）活动中也存在一些不足。岳池县是一个有着深厚农家文化底蕴的城市，考虑到幼儿的知识经验和接受能力，还有很多岳池美景、特色美食没有完全地展现出来，有待幼儿在今后的生活中逐步认知。

干净食物人人爱（小班健康教育活动）

王珍妮 平武县托福幼儿园

一、设计意图

小朋友在进食过程中，一般只关注食物的颜色和味道，而忽视了食物是否卫生，小朋友吃了不卫生的食物后往往会出现肚子疼等身体不舒服的情况。因此我设计此次活动，让小朋友知道基本的卫生常识，远离垃圾食品，培养良好的饮食卫生习惯。

二、活动目标

（1）让小朋友知道基本卫生常识
（2）不吃不卫生的路边小吃，知道吃东西之前要先洗手。

三、活动重、难点

（1）重点：让幼儿知道吃东西之前要先洗手。
（2）难点：让幼儿知道不干净的食物不能吃。

四、活动准备

（1）各种食物图片制成的PPT。
（2）小猴子玩偶一个。
（3）未洗干净的水果若干。

五、活动过程

（1）以"小猴子逛街吃了烧烤最后肚子疼"的故事方式导入。
（2）故事结束以后让小朋友回答小猴子为什么会肚子疼。
（小结：小猴子是因为吃了路边的烧烤和没洗的水果才会肚子疼。）

（3）打开 PPT。

（烧烤，糖葫芦，路边小吃等等制作成的 PPT。）

（4）提出问题，请幼儿作出回答。

① 这些食物可不可以吃？

② 图上的小朋友做的对不对？

③ 洗干净的水果能不能吃呢？

④ 吃东西之前要先干什么？

（5）出示老师带来的没有洗干净的水果，提问幼儿没洗干净的水果能不能吃？吃东西之前要先干什么？

（6）带幼儿去洗手洗水果，一起分享水果。

六、活动延伸

可以让幼儿自己洗干净水果以后自己切好，然后和朋友一起分享食用！

扭扭虫的舞蹈（小班音乐活动）

姚吉艳　梓潼县文昌幼儿园

一、设计意图

小班幼儿因特有的心理特点及面对陌生的环境，不容易与人产生亲近感。为了让幼儿快速产生亲近老师和接纳同伴的情感，我选用了幼儿喜爱的扭扭虫为线索，利用幼儿熟悉的音乐在适当的场地里开展以音乐为主体的游戏活动。从感受和表现方面激发幼儿对艺术的初知和体会，通过游戏的方式发展幼儿的动作和情感。

二、活动目标

（1）能随着音乐有节奏地扭动身体，体验身体接触带来的快乐。
（2）初步听懂教师的指令，完成舞蹈动作。
（3）愿意参加活动，产生亲近老师、接纳同伴的情绪。

三、活动重点

能随着音乐有节奏地扭动身体。

四、活动难点

听指令完成舞蹈动作。

五、活动准备

活泼欢快的音乐、扭扭虫服饰、舞会场地布置。

六、活动过程

1. 以扭扭虫开舞会引起幼儿的兴趣

（1）小朋友们好，我是扭扭虫。我的全身都会扭动哦!我将要举办一个舞会，想请你们去参加，你们愿意去吗？

（2）我们扭扭虫跳的都是扭扭舞，扭扭虫是怎样跳舞的呢？

2. 自由想象、扭动

（1）请幼儿自由想象动作来表达扭扭舞。

（2）思考扭扭虫如何扭动（如：扭头、扭肩、扭腰和屁股等）。

（3）引导幼儿快乐、自由地扭动身体。

3. 创编扭扭舞

（1）伴随着音乐将幼儿的动作进行整理、创编扭扭舞。

（2）幼儿欣赏教师整理后的"扭扭虫"的舞蹈。

（3）激发幼儿和"扭扭虫"一起跳舞。

（4）幼儿邀请舞伴共同完成扭扭舞。

在整个创编扭扭舞过程中教师根据实际情况鼓励幼儿相互亲近。

4. 开心扭扭扭

（1）去参加舞会。"扭扭虫"带领幼儿组成一条长长的大扭扭虫去舞会场地参加舞会，引导幼儿集体扭动，体验集体活动带来的快乐。

（2）伴随着音乐，幼儿与老师之间亲近、幼儿与幼儿之间亲近。（捶捶、捏捏、扭扭、抱抱、碰碰）

七、活动延伸

将音乐投放到活动区，引导幼儿在活动区大胆表现，乐意与同伴亲近。

鹅妈妈买鞋（大班绘本活动）

梅 凤　邻水县兴仁幼儿园

一、设计意图

在现代化运用越来越广泛的时代，孩子们在环境的影响下越来越多地接触电子产品，对纸质书本的接触机会相对减少。如何让幼儿养成正确的阅读习惯，培养幼儿的阅读兴趣是幼儿园教师工作内容重要部分之一。绘本以它独特的魅力深受幼儿喜爱，《鹅妈妈买鞋》是其中一个重要的绘本活动。

二、活动目标

（1）理解鹅妈妈买鞋的故事情节和故事中鹅妈妈和老板的角色性格特点。

（2）在学习鹅妈妈盲目消费最后后悔的知识过程中，培养学生树立理性消费的意识。

（3）学会用完整语言表达，掌握故事的内容，主动参与并愿意上台表演故事。

三、活动重、难点

重点：理解鹅妈妈买鞋的故事情节和故事中鹅妈妈和老板的角色性格特点。

难点：在学习鹅妈妈盲目消费最后后悔的知识过程中，培养幼儿理性消费观。

四、活动方式

观察法、情境表演法、讨论法。

五、活动准备

绘本《鹅妈妈买鞋》、PPT《鹅妈妈买鞋》、故事大书《鹅妈妈买鞋》。

道具：鹅妈妈头饰、老板头饰、鞋子、大花裙、袜子、项链、香水实物。

六、活动过程

（1）导入：教师出示故事大书的封面，请幼儿猜测故事主人公的性格特点。

师：今天这个故事的主人公是谁？它看上去怎么样？表情呢？

师：你觉得她遇到了什么事情会这么开心呢？

（2）教师运用大书讲出故事第一二段，请幼儿观察画面猜测故事情节的发展。

师：鹅妈妈为什么会买一双高跟鞋？（爱美，参加舞会）

师：老板说高跟鞋很美，可是腿太粗，接着会买什么？（袜子、裙子、化妆品、皇冠、项链、雨伞……）

（3）第一遍播放 CD，请幼儿仔细倾听，了解故事情节。（带问题听故事听听是不是和小朋友猜的一样，鹅妈妈除了买了鞋子还买了什么？）

师：鹅妈妈最开始只想买什么？后来又买了什么？

师：看来我们鹅妈妈是一个特别爱美，爱买东西的人。（点出鹅妈妈的性格特点）

（4）第二遍播放 CD，请幼儿一边听一边自行阅读我们的幼儿用书，熟悉故事情节，然后针对故事内涵进行讨论。（谁让我们鹅妈妈买了这么多东西，他是怎么说的？）

师：那故事中的老板是怎么说的才让鹅妈妈买了更多的东西，谁来学一学？

师：你们觉得这位老板怎么样？（特别聪明，做生意）

师：猜一猜，当鹅妈妈把这些东西拿回家后会不会后悔？为什么？

（自己没有计划，没有想好，光听老板讲，都没去想自己家里是不是有，这些东西是不是一定要买的。）

师：那小朋友如果我们在买东西时，老板也这样跟你说，你会不会想买？那有没有什么好的办法能够克制住自己想买东西的冲动呢？

师：那如果小朋友没有克制住，买多了，后果是什么？（放在家里浪费了。）

所以我们平时在买东西的时候要怎么样？（自己先想好，然后再去买，不要浪费，要买的是我们所需要的，不能老板说什么我们就去买。）

（5）请幼儿上台表演故事，戴好头饰并熟悉故事情节，感受老板买卖东西时的语言魅力。

师：谁愿意上台当鹅妈妈？

师：谁愿意上台当老板？

七、活动延伸

（1）课后将故事头饰、实物投放到角色表演区，让幼儿区域活动时自行选择表演。

（2）本周亲子活动安排，幼儿与父母利用十元钱去超市购买自己需要的物品，并在"十元购买计划"学习单上做好计划记录，买卖时熟悉买卖流通的过程，了解钱币的作用和养成正确消费的意识。

钱的旅行（大班整合活动）

白利华　邻水县智慧树幼儿园

一、活动目标

（1）让幼儿初步了解钱的流通特点。
（2）让幼儿基本能说出一元钱在流通过程中的几个环节。

二、活动准备

（1）幼儿用书：《钱的旅行》。
（2）2张新、旧纸币（一元钱）或者一枚硬币（一元钱）。
（3）每人一支笔、旅行线路图、水彩笔。
（4）经验准备：幼儿已具备"旅行"概念的相关经验。

三、活动过程

（1）导入：现在春光明媚正是旅行的好季节，趁着放假好多人都外出游玩。想一想，除了人可以去旅行，还有什么可以去旅行呢？钱呢？
（2）教师出示一张旧的纸币与一张新的纸币，让幼儿比较并进行讨论。
师：这张是多少钱，这一张呢？
师：为什么这一张看起来比较旧，这一张看起来比较新？
（3）让幼儿先看一下书《钱的旅行》，鼓励他们先来说说一元钱流通中的某些环节，老师再讲。
师：一元钱最开始是谁的？最后变成了谁的？
师：在这个过程中，这枚硬币经过了几个环节？（10个。）
师：现在不看书，你能说出其中一个印象深刻的环节吗？
（4）老师带领幼儿阅读用书，边讲边在书上标明数字序号，教师在旅行线路图上记录钱币旅行的过程，帮助他们梳理1元钱流通的整个过程。

师：第一站：去了便利店，安安带着一元钱去买东西。
师：第二站：进了收银机，便利店老板收了一元钱。
师：第三站：被找给了一位客人，便利店老板找给客人一元钱。
师：第四站：被投入自助售票机，客人用一元钱买了地铁票。
师：第五站：进了银行，一元钱从售票机中被取出送到银行。
师：第六站被换给店员，店员到银行换零钱，包括一元钱。
师：第七站：进了收银机，一元钱被放入收银机。
师：第八站；被找给一位客人，一元钱被找给婷婷的妈妈。
师：第九站：成了婷婷的零用钱，妈妈将一元钱给了婷婷。
师：第十站：进了婷婷的储蓄罐，婷婷将一元钱存在储蓄罐。
（5）让幼儿将一元钱的旅行图来标一标，并进行讨论。
师：这枚一元钱在旅行过程中经过了哪些人的手？
师：在三站中，客人为什么被找了一元钱？
师：在八站中，婷婷妈妈为什么要去换零钱？
（6）老师在讲储蓄罐时，先打一个谜语让大家猜一猜。（打一生活用品）
① 我有一间小房，只开一扇天窗。
扔进一枚硬币，答我一声"应当"。
② 胖小猪，真稀奇，背背开口嘴封闭。
不吃饭，不喝水，等着宝宝喂硬币。
可以展示准备好的储蓄罐，说说自己有没有这个，是什么样子，它的功能是干什么的，钱存满了又怎么办？
（7）拓展。鼓励幼儿想象这一枚硬币接着会有怎样的旅行，这枚硬币会永远待在婷婷的储蓄罐里吗？它还会出来旅行吗？请续编一元钱的旅行。
① 去了便利店→② 进了收银机→③ 被找给客人→④ 被投入自助售票机→⑤ 进了银行→⑥ 被换给店员→⑦ 被店员收好→⑧ 被找给客人→⑨ 成了零用钱→⑩ 进了储蓄罐。

小葱的秘密（小班活动课）

蒋明芳、王二妹、钟琴　广安坛同幼儿园

一、设计意图

一直以来，我园坚持开展种植园活动，希望从小培养幼儿亲近自然、乐于观察、发现、探索的科学精神。小班幼儿本期刚入园，他们对种植园里所有事物都充满好奇，希望去认识、亲近它们。因此，我们设计本次活动，意在让幼儿通过多种感官去认识事物的外形及特征。

二、活动目标

（1）通过看、摸、听、闻、尝多种感官认识葱的外形及特征。
（2）了解葱的常用用途，感知葱与人们生活的联系。
（3）乐于主动探索，为自己的发现感到快乐。

三、活动准备

盆栽小葱一份、葱姜蒜分别用纱布包好放于杯中、葱油饼放于盘子里、一次性手套、葱段放于纸杯中、围裙每位幼儿一条、水果刀一把。

四、活动重、难点

重点：通过视听嗅味触多种感官认识葱的外形及特征。
难点：运用多种感官认识葱的外形及特征。

五、活动方法

（1）操作练习法。
（2）实验法。
（3）观察法。

（4）谈话法。

六、活动过程

1. 谈话导入

师：孩子们，你们见过葱吗？（见过/没见过。）

师：你在哪里见过呢？（家里、菜地……）

小结：刚才有小朋友说在家里见过。今天，老师也把小葱带到了教室里。它身上有很多秘密，我们一起去寻找吧！

2. 利用多种感官认识葱的外形及特征

（1）出示葱，介绍给幼儿认识。

师：这是？（葱。）

（2）引导幼儿运用多种感官探索。

师：你们看一看葱是什么样子的？（绿色的……）

小结：葱得叶子是绿色的、一根一根的。

师：葱摸起来是什么感觉呢？请你来摸一摸。（滑滑的、冰冰的。）

师：再捏一捏（软软的、扁扁的。）

小结：葱摸起来是滑滑的、冰冰的，捏起来软软的、鼓鼓的。为什么会这样呢？你们想不想切开看看它里面是什么样子的？

将葱用水果刀切成两段，请幼儿观察。（黑黑的、空空的。）

小结：原来，葱切开后里面什么都没有，所以捏起来是软软的、鼓鼓的。

师：老师看到有小朋友把葱放在鼻子下面闻，我们也来闻一闻，什么味道呀？

师：味道有些不明显，现在，我把葱切成段，我们再来闻一闻

将切好的葱段分发给幼儿。（好闻/不好闻。）

小结：孩子们，你们闻到的这个味道就是葱的味道。

师：葱尝起来是什么味道呢？我们尝一尝（好吃/不好吃。）

（3）了解葱与人们生活的关系。

师：如果把葱加入我们的食物，又会是什么味道？

出示葱油饼，请幼儿品尝。

师：这是？（饼。）它上面有什么？（葱。）

师：对呀!这是葱油饼。请小朋友尝一尝，葱油饼是什么味道？（香/好吃。）

小结：人们通常将葱作为佐料放入食物中，让食物的味道更香更好吃。

3. 总结

今天我们认识了葱，它看起来是绿色的、一根根的；摸起来软软的、冰冰的；里面是空空的；闻起来很香；加入食物中可以让食物变得更香更好吃 。

七、活动延伸

师：老师还在我们的科学角准备了好几种佐料，请你们一会去找一找，看看你们还认识哪些佐料呢？

疯狂的石头（大班美术活动）

曾　静　三台潼川一幼

一、设计意图

通过这次活动让幼儿体会到生活中有很多物体都是可以拿来绘画的，让幼儿和家长感受到在石头上描画带来的乐趣。活动结束时，家长带领幼儿去户外，收集各种各样造型的石头，继续描画，装饰。

二、活动目标

（1）幼儿、家长能积极互动大胆地在石头上创意作画，尝试运用颜料或各种辅助材料进行装饰。

（2）通过石头画编故事，用表演、讲述等方式大胆表达自己的想法，发展幼儿的语言表达能力。

（3）体验石头画的乐趣，愿意与他人分享、交流自己的作品。

三、教学重点

幼儿、家长能积极互动大胆地在石头上创意作画，尝试运用颜料或各种辅助材料进行装饰。

四、教学难点

通过石头画编故事，用表演、讲述等方式大胆表达自己的想法，发展幼儿的语言表达能力。

五、活动准备

（1）形状各异、洗净晾干的鹅卵石或小石头若干。

（2）各种色彩的颜料、棉签、油画棒、绒线等。

（3）几块装饰好的石头造型（在石头上作画，再用装饰材料装饰成各种造型），如小甲虫。

六、活动过程

1. 谈话导入

（1）介绍本次活动，欢迎家长和小朋友。

（2）欢迎大家来参加我们今天的美术活动"疯狂的石头"。

2. 色彩篇

（1）聊聊有哪些颜色。

师："看，老师身上有哪些颜色？小朋友身上有哪些颜色？我们周围还有哪些颜色？除了这些颜色，你还知道哪些颜色？"

教师小结：世界上有红、黄、蓝等许多种颜色，我们的生活也因为这些斑斓的色彩而变得更加美丽，更加多彩。

（2）说说最喜欢的颜色。

你最喜欢哪种颜色？你的爸爸妈妈最喜欢什么颜色？

请家长说说喜欢这种颜色的原因，让幼儿对父母有更深入的了解。

3. 欣赏石头画

（1）教师出示石头小甲虫，引导幼儿和家长认真观察。

（2）教师：小甲虫身上都有哪些颜色？小甲虫是用什么做的啊？

（3）教师：那么大家知道小石头是怎么变成小甲虫吗？认真观察一下我们的小甲虫的脚是用什么做的？

4. 创作石头画

在作画的开始，教师播放轻松以及柔和的音乐，让幼儿在柔和的音乐环境下完成作画。

（1）教师：孩子们在这里还有许多小石头，我想请每一位孩子都挑一块最喜欢的小石头来玩一玩，看一看它的形状像什么，那么它又可以变成什么。

（2）幼儿和家长运用颜料或各种辅助材料自由在石头上作画，教师从旁指导，引导幼儿在创作时应尽量借助石头本身的外形，把它想象成某件物体。然后进行绘画、装饰。

（3）将幼儿制作好的各种石头造型收集起来，请家长猜猜孩子的作品是什么，猜完后再各自介绍自己的作品。

5. 创编故事

（1）教师：现在，我们都有自己的石头画了，让我们大家一起用这些漂亮的石头来编好听的故事吧。

（2）鼓励幼儿和家长用各种石头造型创编一个简单的故事。

（3）请每个小组选派一代表，讲述自己小组创编的故事。

（4）在教师的引导下让幼儿把自己的作品摆放在教室的展览台上。

6. 活动结束

家长带幼儿相互参观欣赏其他家庭的作品。

有趣的面条（大班综合活动）

何慧君 三台县潼川第二幼儿园

一、设计意图

幼儿具有一定的音乐审美能力，他们对音乐美有了内心体验，并掌握了表现音乐美的初步技巧，渴望用自己特有的方式来表达他对音乐美的感受和理解。"有趣的面条"选择幼儿熟悉的、与生活经验相关的面条，活动抓住幼儿爱游戏的天性，以最自然的方式抒发情感、表现自我，让幼儿将生活经验迁移到音乐中，使幼儿在不知不觉中领略到音乐的三段体结构（中速、慢板和快板），并理解音乐的性质，体验用夸张的肢体动作进行创造性的表现所带来的快乐。

二、活动目标

（1）在了解煮面的基础上，发挥想象，用夸张的肢体动作进行模仿和创造性的表现。

（2）感受乐曲的基本情绪以及明显的节奏变化，体验自由表达和创造的欢乐。

（3）体验参与集体活动的快乐，增强幼儿的合作意识。

三、活动准备

（1）多媒体课件、音乐、图谱、实物面条、代表调味品的各色皱纹纸片。厨师服及厨师道具。

（2）分别代表"锅"和"盘子"的道具。

（3）场地布置。

四、活动过程

1. 活动导入

教师：小朋友们好！欢迎来到我的创意美食屋，今天老师给小朋友们带来了一道美食我们一起来看看吧！

（1）观看 PPT 图片——面条。

（2）讨论生面条的样子：摸一摸、看一看，面条还没下锅的时候是什么样子的？教师提问：小朋友们吃过面条吗？知道香喷喷的面条是怎么做出来的呢？

2. 观看视频《煮面条》

老师这有一个煮面条的小短片，待会你们要边看边想面条在煮的过程中发生了什么样的变化？

3. 完整欣赏乐曲，教师画图谱

（1）再分段欣赏乐曲，并创编动作。

（2）完整表现乐曲（启发幼儿做出不同的动作）。

4. 音乐游戏

第一遍游戏：

教师扮演厨师，小朋友们来扮演面条，进行煮面条游戏，（准备分别代表"锅"和"盘子"的道具），请面条们都站在锅的外面，听到了特别的声音时才能下锅哦。

（音乐伴奏，幼儿舞蹈教师指挥）注意最后强调关火，提醒幼儿关火后面条就不能动了。

第二遍游戏：请幼儿邀请其他老师一起游戏（音乐伴奏）请幼儿当厨师煮面条，教师幼儿一起表演。

5. 结束部分

我们来请老师们来尝尝面条是什么味道的，是甜的还是辣还是酸还是苦的呢？你可要在表情与动作上表现出了哦，还记得刚才我教你们的只要我们想象时，然后用夸张的动作和表情让别人也相信，我们游戏起来就会很有趣的。嘿嘿，快去吧！问问老师们是什么味道啊？

我们去请别的小朋友也尝一尝吧！引导幼儿出活动室。

清明节的习俗（中班社会活动）

谢瑞雪　三台县潼川第三幼儿园

一、设计意图

清明节是我国的传统节日，清明来到，万物凋零的寒冬就过去了，风和日丽的春天真正地开始了。在清明节期间，组织幼儿系列教育活动，目的是让幼儿了解传统风俗，锻炼身体，充分感受春景的美好。

二、活动目标

（1）让幼儿理解扫墓的意义：用不同方式拜祭逝去的亲人，并懂得用文明方式表达对逝去亲人的思念。

（2）通过历史事件、历史人物，教育幼儿学习古人舍己为人、不争功名的精神。

三、活动准备

扫墓图片（献花、植树、送食）、清明节的课件。

四、活动重、难点

发展幼儿的语言表达能力。（用文明的方式表达对亲人的思念）。

五、活动过程

1. 全家福照片导入

（1）通过照片，引入逝去的亲人。

（2）通过谈话，介绍清明节。

师：清明节是个什么样的节日，在这个节日里，人们都干些什么呢？

师：小朋友都有自己的爷爷奶奶，那你爷爷的爷爷你们见过吗，他们都去哪里了？（去世了）。他们去世以后，人们非常想念他们，就在每年的清明节去墓地看他们，所以呀，清明节就是去拜祭死去的亲人，表达对他们的思念。

（3）清明节扫墓。

师：到了清明节呀，人们就要去拜祭死去的亲人，你们知道怎样拜祭吗？（引导幼儿说出一些拜祭的方式，如，送花）师：现在，让我们一起来看一看现在的人们是怎样拜祭死去的亲人，表达对他们的思念的。

① 播放历史事件图片：人们扫墓拜祭英雄与亲人。

② 幼儿讲述：从图片上看到了什么？

③ 教师小结：人们把最美的花献给亲人，有的给他们敬酒，还有的通过植树，表达对他们的思念，告诉他们你很想念他们。

（4）清明节的习俗。

通过播放 PPT 课件，让幼儿了解一些清明节的习俗。

（5）教师小结。

清明节的习俗可真多，有献花、送食、植树、荡秋千、放风筝等。那到了清明节的时候呀，你们可以让你的爸爸妈妈带你们去扫墓、踏青、春游，并拍下一些照片来带到幼儿园，和大家分享一下你是怎么过清明节的，好不好？

六、活动结束

音乐：《我爱我的家》。

动物的尾巴（中班语言活动）

刘明霜　　三台县芦溪幼儿园

一、设计意图

孩子最喜欢小动物，有关小动物的话题也是孩子最感兴趣的。动物的尾巴是孩子常见的，贴近孩子生活的，以此为题符合孩子的年龄及心理特点。并且中班的孩子已经具备了对事物的直观感知和说一句完整的话等特点。为了让孩子在此基础上更容易学习添加一定的修饰语来进行表达，提升孩子的语言能力，我设计了此活动。

二、活动目标

（1）了解常见小动物尾巴的外形特征，并能用语言进行描述。
（2）鼓励幼儿大胆表达自己的想法，学习完整、连贯地说话。
（3）激发幼儿对小动物的喜爱之情。

三、活动准备

PPT。

四、活动重点

用语言描述动物尾巴的外形特征。

五、活动难点

完整、连贯地表达。

六、活动过程

1. 引入

（1）伸出你的小手，摸摸你们的屁股后面有尾巴吗？（幼儿自由回答）

（2）那谁有尾巴呢？（幼儿自由回答）师小结：噢！我明白了，你们说的都是小动物有尾巴。那你能认出小动物的尾巴吗？

2. 用语言描述动物尾巴的外形特征

游戏：猜尾巴。

（1）出示PPT1；请幼儿观察。师：猜一猜这是谁的尾巴？（幼儿自由回答）你从哪儿看出来的呢？（幼儿自由回答）

要想知道这是那个小动物就先要念咒语："泡泡　泡泡快变走。"（宝贝跟着老师一起来念咒语）

（2）你猜对了吗？小鱼的尾巴像什么一样？请用完整的话说出来？

（3）出示PPT2，再来看看这是谁的尾巴呢？（幼儿自由回答）

松鼠的尾巴像什么一样？请用完整的话说出来？你能说得更长吗？

（4）出示PPT3，再来看看这又是谁的尾巴呢？（幼儿自由回答）

小猫的尾巴长得怎么样？像什么？你能完整的说出来吗？

直接运用句式"……的尾巴……，像……一样"描述自己知道的动物尾巴。（例如：猴子、兔子等）

师：除了这三种小动物还有其他小动物也长了各种各样的尾巴。你们能像刚才一样说出哪种小动物的尾巴呢？

3. 简单了解小动物尾巴的用途

师：宝贝你们知道吗？小动物的尾巴除了长得好看都还有自己的作用。

（1）出示图片：老牛的尾巴可以干什么？

（2）师：你们还知道哪些小动物尾巴的作用。（幼儿自由回答）

（3）出示小壁虎，你们认识吗？你们知道它的尾巴有什么作用？

出示图片，师提问：发生了什么事？那小壁虎呢？

师小结：大自然中有很多的小动物都像小壁虎一样保护自己。请小朋友们回家和爸爸妈妈一起收集小动物尾巴的秘密。

车子开来了（小班社会活动）

骆 琪 三台县

一、设计意图

车子很容易吸引幼儿的目光，特别是男孩，家里总堆有数不完的玩具汽车。在百搭社里玩的时候，很多孩子也喜欢用圆形积木和长管子拼成轮子样的汽车，

于是我选择了关于车的内容，让孩子进一步走进车的世界。

二、活动目标

（1）通过观察图片，感知警车、救护车、起重机、消防车的外形特征，了解其在生活中的用途。

（2）乐意分享和交流自己在生活中认识的车辆。

三、活动准备

音乐《郊游》、汽车方向盘替代物一个、关于马路上车流的视频素材、各种车子的相关图片。

四、活动重点

认识警车、救护车、起重机、消防车的外形特征，了解其在生活中的用途。

五、活动难点

用简单的语言讲述车的用途和外形特征。

六、活动过程

1. 情景表演，导入活动

（1）播放音乐《郊游》，教师手持"方向盘"带领幼儿做小乘客的游戏。师：小朋友，快上车，我们出发啦！

（2）师：目的地到了，今天我们要去参观车展。小朋友一定要仔细看，你认识哪些车？

这些车都有什么本领？

（3）幼儿观看各种车子的图片。

（4）师：小朋友们，你们看到了哪些车，你知道它有什么本领吗？（鼓励幼儿自由回答）

教师小结：车有载人的，也有载物的，载人的车，如公共汽车、小汽车、出租车、火车等，

载物的车有货车、油罐车、皮卡车等。生活中还有一些特殊用途的车辆，我们叫它特种车。

我们一起来看看吧！

2. 欣赏图片，讨论特种车的用途和特点

（1）图片一：马路上发生了车祸，出现了哪些车，它们的作用是什么？

（2）图片二：房子失火了，出现了哪些车，它们的作用是什么？

（3）图片三：盖高楼的工地上，出现了哪些车，它们的作用是什么？

（4）教师小结：像这样有特殊用途的车，就特种车，如：救护车、消防车、警车等。

3. 游戏："什么车子来了？"

（1）教师问幼儿答，根据幼儿经验补充其他有关车子的知识。

（2）马路上出车祸，什么车子来？

（3）大楼房失火了，什么车子来？

（4）大马路脏了，我需要什么车来？

（5）好大的灰尘呀，我需要什么车来？

（6）轰隆轰隆盖房子，什么车子来？

我的梦（大班美术活动）

张 薇　三台县

一、设计意图

"梦"对于我们来说是一个抽象的意境，本次活动通过引导幼儿欣赏范例，观察到图中的小朋友在笑，从而猜测到"他做了一个美梦"。结合自己做过的美梦、想要看到的美好事物，引发幼儿的创作欲望。

二、活动目标

（1）幼儿回忆并描述梦中情景，尝试用绘画的形式表现出来。
（2）幼儿大胆表现自己的意愿，体验自由表现的乐趣。

三、活动准备

绘画纸、油画棒、记号笔、范例《我的梦》。

四、活动重点

尝试用绘画的形式表现自己的梦。

五、活动难点

理解什么是梦。

六、活动过程

1. 谈话导入

（1）欣赏范例作品，观察并讨论：小朋友在干什么？从哪里看出他在睡觉？

（2）组织幼儿讨论：做的是美梦，还是噩梦？为什么？（美梦，因为他是笑眯眯的）。

（3）引导幼儿观察出：做梦的人画大，梦中的人或景物画小

（4）引导幼儿讨论：你做过梦吗？都梦见些什么？你最喜欢梦见什么呢？（回忆梦里的情景，帮助幼儿确定绘画内容）

（5）大胆地用语言分享自己最喜欢的一个梦。

2. 幼儿自由作画

（1）幼儿绘画，教师指导要点。

（2）指导幼儿确定绘画的主题，构思画面。（做梦的人画大，梦中的人或景物画小）

（3）提醒幼儿合理安排画面，突出主题。

（4）提示幼儿注意构图丰富，色彩协调。

（5）鼓励幼儿将自己的梦境大胆表现出来。

3. 结束部分

在美工区展览幼儿作品，并引导幼儿评价：谁画的"梦"最有意思，画面最漂亮。

皮筋滚灯（大班川剧艺术活动）

梁译丹　三台县机关幼儿园

一、设计意图

川剧是我国的国粹艺术，有着源远流长的历史，在上次创意手工活动"我的兵器我的棍"的基础上，我再次尝试川剧艺术的活动设计，让幼儿欣赏川剧中的艺术文化，从而了解川剧的相关知识，感受川剧艺术的独特魅力。滚灯属于川剧中久负盛名的独门绝活，整个表演形式诙谐、幽默，通过这一形式引发幼儿参与活动的积极性，并能在活动游戏的过程中训练幼儿的协调能力及动作的创编能力。

二、活动目标

（1）了解川剧中的独门绝活——"滚灯"。
（2）通过观察、模仿提高幼儿的协调能力，初步掌握滚灯的技巧。
（3）培养幼儿大胆创新能力，体验游戏的快乐。

三、活动重、难点

掌握滚灯技巧并能大胆进行动作的创新。

四、活动准备

PPT 课件、视频、纸碗、水、凳子。

五、活动过程

1. 创设情景

教师带领幼儿随音乐走台步进入活动室。

2. 播放 PPT，了解滚灯

（1）出示梨园戏剧院及人物皮金的照片。

师：欢迎大四班的小朋友来到梨园戏剧院。

（2）出示皮金照片，引导幼儿观察皮金的外形特征，知道皮金这一角色在川剧中属于丑角。

这是梨园戏剧院里的川剧演员——皮金。皮金是一位了不起的川剧演员，他有一项绝活，我们一起来看一看吧。播放视频引出川剧绝活"滚灯"。

（3）观察图片，引导幼儿形容所见的滚灯动作。

师小结：滚灯属于川剧中的三大绝活之一，是把点燃的油灯顶在头上，做各样的动作，主要是翻跟斗、从板凳下钻过等几个招牌动作。

（4）鼓励幼儿尝试模仿在视频及 PPT 中所见的动作，并讨论出在做这些动作

时要注意的地方。

师小结：在完成抬腿、下蹲、弯腰、钻等动作时，要注意保持身体平衡，头的动作幅度不能太大，不让头上的油灯掉下来。

（5）引导幼儿进行动作的创编。

（6）出示纸碗，幼儿再次尝试滚灯。

（7）增加难度，教师往幼儿头顶的纸碗里加少许水，进行滚灯的动作。

六、展示绝活

播放音乐，幼儿自由组合以走秀的形式展示滚灯绝活。

我的兵器我的棍（中班艺术活动）

梁译丹　三台县机关幼儿园

一、设计意图

戏曲是我班班级特色之一，猴戏是我班 4 月的戏曲主题。猴戏属于武生，武生中的"棍"是戏曲十八种兵器之首。由于我们没有现成的道具，于是就产生了自制"棍"的想法。《3—6 岁儿童学习与发展指南》指出：幼儿应具有利用艺术的形式语言，艺术的工具和材料将它们重新组合，创作出新颖独特的艺术作品的能力。为此我提供多种材料，让幼儿进行自主选择，用自己的方法创作道具——"棍"。

二、活动目标

（1）幼儿能大胆发挥想象，利用多种材料进行创造性的自由组合，制作出戏曲兵器"棍"。

（2）通过欣赏戏曲名段，感受戏曲文化的魅力。

三、活动准备

（1）经验准备：了解戏曲中有关"棍"的兵器及角色。

（2）《闹天宫》视频片段、MP3 音乐、PPT、微课视频。

（3）手工纸、毛根、彩纸、报纸、皱纹纸、油画棒、毛线、双面胶、胶棒、剪刀等。

四、活动重、难点

（1）幼儿大胆利用多种材料组合制作戏曲中的兵器"棍"。

（2）幼儿能独立制作完成兵器"棍"并进行衍生装饰。

五、活动过程

1. 欣赏名剧片段

（1）出示《闹天宫》视频片段。

师：你看到了谁？他们在干吗？

小结：孙悟空因为贪吃蟠桃，搅乱了天宫的蟠桃会，玉皇大帝十分生气，就派天兵布网要抓他。孙悟空想了什么办法救自己呢？他用的是什么兵器？（金箍棒）

2. 出示 PPT

师：戏曲中孙悟空属于武生，他的兵器是"金箍棒"。而金箍棒只是棍的其中一种，今天梁老师还带来了其他各种各样的棍的图片，我们一起来看一看吧！

3. 幼儿自制兵器"棍"

（1）启发幼儿探索、讨论。

师：小朋友，你们想不想变身成为戏曲中的小演员拥有一根属于自己的棍？请你动动小脑筋，咱们来一起想一想怎样可以制作出又结实又好看的棍？（幼儿讨论）

（2）播放微课。

介绍材料并让幼儿了解"棍"的制作方法及流程。

（3）幼儿自制兵器并装饰。

① 鼓励幼儿大胆制作并装饰"棍"，教师巡回指导帮助个别幼儿。

② 引导幼儿为自己"棍"取个名字。

4. 结束活动：角色扮演游戏

（1）请个别幼儿介绍自己的"棍"的名字及做法。

（2）师：小朋友们拿上你的棍，"哗"我们变身成戏曲里的小演员啦！（播放 MP3 音乐，幼儿自由游戏）

六、活动反思

在上课之前还有许多地方没理顺，但是通过大家的意见和建议，这次活动总算是很完整的呈现出来了。这几次上课，我都用了班上能力不同的孩子，说实话，第一二次上课时，心里没底，孩子们呈现的作品是什么样子的，但这次活动孩子们出来的作品还是不错的。我咨询了专业人士，戏曲中的棍：只有长棍和短棍之分，而每一种武生角色都可以用棍，所以孩子们可以尽情发挥想象来制作棍。在活动的难点中，我提出了衍生装饰，孩子们在最后的作品呈现中，这一难点被孩子们突破了，他们用材料将单一的棍做了改良，有伸缩棍、双节棍，甚至还有没有暂时给孩子而戏曲中本来就有的分节式短棍。通过这次活动，我也反思了自己的不足之处，在选材定好后，还需要多花功夫琢磨，在编写教案时应更注意教案中的细节以及上课时提问语言的细节，从而更好地引导幼儿去思考、探索。

小兔运玩具（适宜 3—5 岁）

杨梨、杨敏、郑芙英、丁莉萍　岳池县示范幼儿园

一、设计意图

一根短绳、一个鞋盒，把它们变一变，变成了一个好玩的游戏，让孩子们跑一跑、跳一跳、爬一爬、钻一钻，展现出了一张张快乐的笑脸。"小兔运玩具"以跑、绕为主线，以小兔去草地上玩为游戏情境，带领孩子们进入了一个新鲜、愉快的奔跑世界，在活动中让孩子自由自在地玩耍。小兔活泼、可爱的角色让小班孩子更容易接受，使他们在这个游戏式的活动中发展了钻、爬、跑、跳的能力并获得了愉快的情绪体验。

二、活动目标

（1）锻炼幼儿手眼协调能力，以及学会钻爬、跑跳等技能。
（2）让幼儿在活动中，自觉遵守游戏规则，并乐于参加体育游戏活动。
（3）培养幼儿的团结协作、竞争意识。

三、活动重、难点

让幼儿学会钻爬技能，自觉遵守游戏规则。

四、活动准备

（1）袜子娃娃若干。
（2）自制小汽车 3 个、小房子 3 座、高度不同的拱门 9 个。
（3）音乐、场地布置等。

五、活动组织与实施

1. 导入部分
（1）教师带领幼儿做热身运动。

（2）带领幼儿爬到"房子"旁边，作睡觉状。

（3）兔宝宝们，天亮了，我们爬出来做游戏吧！（幼儿依次爬出"房子"。）

（4）幼儿听音乐做运动，自由表现小兔子的生活情景。

2. 主体部分

（1）宝宝们，我们一起去散步吧！瞧！这里有河、有桥、有马路。咦？河对岸是什么呀？（玩具）真好看呀！这么多玩具，可是我们怎样把它运回家玩呢？

（2）教师出示教具，认识活动中的材料，并讲解游戏的玩法。引导幼儿将袜子娃娃运回到自己的家。

将幼儿分成三组，依次排好队；将袜子娃娃放入玩具车内；三位幼儿手拉玩具车，依次通过独木桥、拱门、马路等障碍物，到达终点。将袜子娃娃放在相对应的房子内，拉着玩具车原路返回，将玩具车交给下一位幼儿。

（3）每组请一位幼儿来示范游戏的玩法，教师根据幼儿的操作，进行适当的指导，对错误的操作，进行及时纠正。

（4）幼儿游戏，教师巡回指导。

（5）小结交流：小兔真聪明，把这么多玩具运回了家！

3. 结束部分

讨论你刚才是怎样运玩具的？你觉得这个办法好不好？小兔子真聪明，请你们继续开动脑筋，用不同的方法，选择不同的路线（从桥上、马路上、河面上）运玩具。

幼儿听音乐做运动，结束。

六、活动延伸

将玩具投放到户外，供幼儿随时玩耍。

智勇大闯关

刘志莉、丁青珍　岳池县示范幼儿园

一、设计目标

（1）让幼儿积极探索"智勇大闯关"系列玩教具的使用方法和探索有关磁力、电力、重力以及光学等相关的科学奥秘。

（2）培养幼儿动手动脑以及创新能力，鼓励幼儿大胆创新。

（3）培养自信心以及让幼儿体验在游戏中合作的快乐，分享的乐趣。

二、涉及相关知识

（1）磁力知识：用带有磁铁的小木棒将小熊从第一关依次闯关到最后一关，利用磁铁相吸的原理。

（3）电力知识：通过跷跷板（开关）让电路形成一个闭合回路，让漆黑的森林亮起来，让小熊找到回家的路。

（3）重力学知识：风车转动从最高点到最低点通过风车转转关卡，在奇妙乐园中通过漏斗漏沙，让跷跷板另一头积累重力往下，形成一个闭合的回路。在解救圆圆珠关卡，让幼儿在利用转盘周围用力，使哪头低就让珠子往哪里滚，最后走出迷宫。

（4）科学知识：在小熊过山洞的时候利用数学知识相加或者相减的原理走出山洞各区域关卡。

三、主要材料

木板、KT板、筷子、易拉罐、磁铁、铁丝、纸杯、扑克牌、无缝布、电池、电线、木头、矿泉水瓶、胶枪、泡沫纸、纸板、丙烯颜料。

四、各区域关卡具体玩法

第一关：小熊钻山洞。

玩法：将小熊放在底座上面，手拿带有磁铁的小木棒紧贴底座的底部移动，当与小熊底部的磁铁相吸时，小木棒就会带动小熊移动。在中、大班应用时，可在山洞上面写上数字，当小熊穿过山洞时，将有数字的山洞数字相加，从贴有正确答案数字的山洞钻出。

说明：这个游戏能发展幼儿手腕和手指的灵活性，培养幼儿的注意力和计算能力。可以根据故事内容选择其他小动物钻山洞，也可以让小朋友自己选择"最后的欢呼"里的小动物钻山洞。

第二关：宇宙飞船。

玩法：转动手柄，飞船立刻起飞。第一种玩法是将飞船放在大圆盘上的木棒的磁铁的对应的圆面上，再摇动大圆盘上的长木棒，宇宙飞船就按大圆盘的轨道不停地移动。第二种玩法是在当小熊钻过山洞，来到宇宙飞船这，可用带有磁铁的小木棒将小熊坐在飞船上与飞船一起飞。第三种玩法是将带有磁铁的小木棒与摇手重合捏紧，小熊放在小木棒磁铁的对应面，然后一起转动两个木棒，这样小熊和飞船将一起飞。

说明：这个游戏可培养幼儿对科学的兴趣。

第三关：风车转起来。

玩法：小熊站在宇宙飞船的着陆点，将小熊坐在风车的最高点的纸杯里，风车转动，小熊到达最低点，着陆到风车下面。这个游戏是通过小熊身体重量，通过重力让风车转动起来，使小熊从风车的最高点到达风车的最低点。

说明：这个游戏可以培养幼儿的探索能力。

第四关：解救圆圆珠（迷宫）。

玩法：通过使力摇动迷宫的某一方，让圆圆珠从迷宫中间走到迷宫出口。在当小熊到达风车的最低点后，着陆后走到迷宫前，让在迷宫中间的圆圆珠通过重力走到迷宫出口。当幼儿在迷宫某一方用力抬高，圆圆珠就会往低的一方滚动，通过不同线路走出迷宫。

说明：这个游戏可培养幼儿的思考能力和对科学的乐趣。圆圆珠可用磁铁或玻璃珠代替。

第五关：小熊过河。

玩法：小熊站在迷宫出口，幼儿手拿带有磁铁的小木棒将河对面的小船（小船底部附有磁铁）吸过来，然后让小熊坐上船，用带磁铁的小木棒将小船吸回到河对面，让小熊顺利过河。

说明：这个游戏可以让幼儿形象了解磁铁同性相吸以及培养幼儿对科学的乐趣。

第六关：奇妙的乐园。

玩法：小熊下船后，走到奇妙的乐园。幼儿将沙（或水）放在漏斗中，当漏斗中的沙（或水）漏入跷跷板的一头时，这一头随着重力往下落，当跷跷板落到地面上设置好的电线上，树上的彩灯就亮了。（跷跷板落地相当于开关）

说明：这一关的目的是为了让彩灯亮起来。让幼儿探索关于电转化为光的原理。

第七关：胜利的欢呼。

玩法：将带有磁铁的小木棒在木板底部移动，站在带有磁铁的圆盘上的小动物们就会随之移动，这时小动物们就会跳舞欢呼小熊顺利闯关到达终点。

弹弹乐（适宜4—6岁）

杨敏、郑芙英、杨梨、丁莉萍　岳池县示范幼儿园

一、设计意图

从孩子对于网络游戏的兴趣入手，因势利导，把网络游戏进行创编，扬长避短，让孩子健康、快乐游戏。

二、活动目标

（1）训练幼儿的手眼协调能力以及手臂肌肉力量。
（2）幼儿的团队精神。

三、活动重、难点

训练幼儿的手臂肌肉力量，能够手眼协调的将娃娃弹在靶心上。

四、活动准备

弹弓2个、袜子娃娃若干、靶子2个等。

五、活动组织与实施

1. 开始部分

引导幼儿跟随音乐做运动——螃蟹操。

2. 进行部分

（1）幼儿与老师一起"玩袜子娃娃"。
探索袜子娃娃的玩法。
（2）出示已准备好的弹弓，激发幼儿玩弹弓的兴趣。
（3）教师讲解，示范玩弹弓的方法。
（4）组织幼儿反复练习。

3. 游戏：弹弹乐

教师将幼儿分成两组，一组幼儿用力将娃娃投出，比赛谁投得最远；另一组幼儿将娃娃放在弹弓上用力弹出，看看谁投得准。

4. 活动结束

教师组织幼儿做放松运动。

5. 活动总结

教师总结幼儿在活动中的表现，表扬和鼓励在活动中表现积极的幼儿，并鼓励能力相对较弱的幼儿，使其增强自信心，争取在下次活动中表现得更好。

六、活动延伸

（1）双臂张开，头顶娃娃走。

（2）双脚夹娃娃跳。

（3）双手向上抛接娃娃

沙包娃娃碰碰碰（适宜4—6岁）

郑芙英、杨梨、杨敏、丁莉萍　岳池县示范幼儿园

一、设计意图

单纯的让孩子们玩沙包，已经让孩子们慢慢对沙包失去了兴趣，根据幼儿年龄发展特点，设计了涵盖幼儿运用跑、跳、投掷等技能的户外民间游戏活动，目的在于培养幼儿的合作精神，促进身体的敏捷性，平衡能力的发展，培养幼儿尝试探索精神和喜欢参加运动的兴趣。

二、活动目标

（1）鼓励幼儿积极思考沙包的多种玩法，并与伙伴相互学习。

（2）通过玩沙包，让幼儿重点练习手眼协调、身体敏捷性等能力的发展。

（3）激发幼儿参与活动的积极性，从活动中感受和同伴一起玩耍的乐趣。

三、活动重、难点

手眼一致的打中自己想要的袜子娃娃，能够打中袜子娃娃。

四、活动准备

沙包人手一个，已挂有袜子娃娃的架子一个，2个盛沙袋的小桶等。

五、活动组织与实施

1. 开始部分

组织幼儿随音乐做准备活动。

2. 进行部分

（1）幼儿与老师一起"玩沙包"。

① 双臂张开，头顶沙包走。

② 双脚夹沙包跳。

③ 双膝夹沙包跳。

④ 把沙包放在背上爬。

（2）出示已挂好的袜子娃娃架子，激发幼儿打袜子娃娃的兴趣。

（3）教师讲解，示范投掷方法（正面投）。

（4）组织幼儿反复练习。

3. 游戏：沙包打娃娃

教师将幼儿分成两组，一组幼儿用力将沙包投出，另一组幼儿待沙包落地后，迅速跑去捡沙包，捡到沙包第一个跑回来者为胜，从中培养幼儿的注意力及练习定向跑。教师当裁判，看谁打得准自己想打的袜子娃娃。

4. 活动结束

教师组织幼儿做放松运动。

5. 活动总结

教师总结幼儿在活动中的表现，表扬和鼓励在活动中表现积极的幼儿。并鼓励能力相对较弱的幼儿，使其增强自信心，争取在下次活动中表现得更好。

六、活动延伸

（1）数学活动时，通过玩教具操作，让幼儿对 20 以内的识数认数，10 以内的加减法，可根据不同年龄段的幼儿，对教玩具进行操作，吸引幼儿活动的兴趣，调动幼儿的积极性。

（2）体育游戏活动时，幼儿操作玩耍，可开展有奖游戏等，让幼儿体验到游戏的快乐。

结　语

在当前党和政府学前教育优先发展的思想指导下，幼儿教育高质量发展有赖于高素质的幼儿教师队伍已经是毋庸置疑的了。但是如何打造一支师德修养、专业知识、专业能力都优秀的幼儿教师队伍，却始终困扰着我们。我们希望以"幼儿教师国家级培训计划"为载体，为幼儿教师的专业发展找到行之有效的路径，为参加培训的幼儿教师可持续发展蓄积能量，推动本地区幼儿教育健康发展。

本书是"国培计划"（2015）幼儿教师培训团队置换脱产研修项目的显性成果之一，是培训经验的总结和提炼，更是对培训学员所学、所思、所研的重要记录。收录了部分培训学员在两年培训期间形成的优秀案例和本土游戏方案，培训学员在分组研讨和专题反思中形成的优秀论文、送教项目中生成的优秀活动方案，力图从多方面呈现"国培"对幼儿教师从优秀走向卓越的推动作用。

全书共分两编，第一编为研思部分，主要收录了培训学员培训研修期间理论上的反思和提升所形成的优秀论文；第二编为笃行部分，主要分享了培训学员在理论学习与反思的基础上总结提炼出来的保教活动中的行动方案，包括典型案例、幼儿园活动方案和富有创意的幼儿园游戏方案等。

本次"国培计划"（2015）幼儿教师培训团队置换脱产研修项目显性成果能够成书出版，得到了四川省教师继续教育西华师范大学培训中心、西华师范大学教师教育学院的大力支持。

在此，特别感谢参加本次培训项目的所有专家、学者的无私奉献，也要感谢全体培训学员的通力支持和配合。

还要感谢为本次培训活动提供现场观摩、实践场地的南充市莲池幼儿园、西华师范大学附属幼儿园、仪凤街幼儿园，以及参与协同培训的项目县相关人员。

  同时借鉴和参考了同行的相关研究成果，在此深表谢意！

  由于时间紧迫和我们能力有限，因此编选时难免有疏漏，不到之处敬请读者指正。

编　者
2018 年 1 月